GERENCIA

Alberto Silva

GERENCIA

Ebook desarrollado y publicado por Cognitio.

ISBN 978-1-939393-87-6 (ebook)
ISBN 978-1-939393-88-3

Cognitio
Books & Apps

www.cognitiobooks.com

INDICE

INTRODUCCION

CONCEPTO DE GERENCIA

La gerencia es la utilización, por parte de un gerente, de los recursos puestos a su disposición, con el fin de lograr los objetivos o metas de una organización.

La gerencia abarca la dirección o administración de todo tipo de organizaciones: ejércitos, equipos deportivos, empresas, escuelas, hospitales, hoteles, instituciones públicas, organizaciones sin fines de lucro, etc. Esta actividad tan variada tiene, sin embargo, algunos principios fundamentales que son los que se presentan en este libro.

La gerencia se estudia en las universidades a distintos niveles, pero se distinguen generalmente los programas de maestría en administración de empresas (MBA, por sus siglas en inglés) o de maestría en gerencia. En estos programas los cursos fundamentales de gerencia, algunos obligatorios y otros electivos, suelen ser los que se tratan en este libro: Comportamiento Organizacional, Administración de Recursos Humanos, Cambio Organizacional, Desarrollo de Liderazgo, Comunicación Gerencial, Gerencia de Proyectos, Planificación Estratégica e Implementación y Elaboración de un Plan de Negocio. Además de estos cursos fundamentales de gerencia, esos programas suelen incluir clases sobre finanzas, mercadeo, negocios internacionales, operaciones y tecnología, dependiendo de la naturaleza de los programas y del interés de los estudiantes.

PROPOSITO DEL LIBRO

La intención del libro es proporcionar una guía fácil y rápida a los estudiantes en programas de MBA o similares para orientarse dentro de estos estudios en lo que respecta a los cursos del área de gerencia. También puede servir como complemento de los libros de texto utilizados en esos programas.

Además de servir como material de apoyo en estudios de postgrado, este libro puede ser útil también como manual de consulta para gerentes en ejercicio, que deseen adquirir una información general sobre los conceptos y teorías relacionados con su actividad.

Aunque entre estos cursos suelen existir algunas repeticiones en cuanto a los temas a tratar, estas se han tratado de evitar o reducir en este texto. Así, por ejemplo, los aspectos de cambio y de liderazgo que son componentes frecuentes de los cursos de Comportamiento Organizacional se tratan por separado.

Para facilitar la lectura y comprensión de los distintos temas tratados se han omitido las referencias a los libros de texto y artículos de revistas arbitradas consultadas, aunque el autor reconoce la deuda con todas ellas e invita al lector a profundizar en cada tópico haciendo uso de ese tipo de fuentes de información. En todo caso, se presenta una bibliografía selecta al final del libro.

CAPITULO 1

COMPORTAMIENTO ORGANIZACIONAL

COMPORTAMIENTO ORGANIZACIONAL

El Comportamiento Organizacional es un campo de estudio en el que se investiga la conducta de las personas en las organizaciones.

Como campo de estudio, el Comportamiento Organizacional se ha ido beneficiando de las investigaciones y aportes de muchas ciencias (psicología, sociología, antropología, ciencia política, etc.).

El interés en el estudio del Comportamiento Organizacional radica en poder lograr formas de conducta en una organización que favorezcan el logro de sus objetivos. Entre las muchas cuestiones que aborda el estudio del Comportamiento Organizacional están las siguientes:

- ¿Cómo influyen la personalidad y otras características del individuo en su comportamiento en el trabajo?

- ¿Cómo lograr que los empleados estén motivados y rindan al máximo de sus capacidades?

- ¿Qué hace que los empleados estén estresados y qué se puede hacer para evitarlo?

- ¿Qué se debe hacer para fomentar el trabajo en equipo en la organización?

- ¿Cómo se deben manejar los conflictos?
- ¿Qué se debe hacer para mejorar la comunicación entre las personas?
- ¿Cuál es la estructura más apropiada para una organización determinada?
- ¿Qué se debe hacer para lograr que en la organización se tomen mejores decisiones?

CULTURA ORGANIZACIONAL

La cultura organizacional es el conjunto de creencias y valores compartidos por los miembros de una organización.

La cultura constituye el estilo propio de pensar, sentir y reaccionar ante los problemas, que comparten los miembros de una organización y que se transmite a los que van entrando a lo largo del tiempo. La cultura tiene una enorme influencia en la manera como las personas se comportan dentro de una organización y, a la vez, se va modificando gradualmente, como resultado de las acciones de los miembros de esa organización.

La cultura de una organización es en gran medida intangible, por lo que no es posible conocerla sin estudiarla en profundidad o vivir dentro de ella por un tiempo considerable. Es fácil observar aspectos muy superficiales de la cultura, tales como el diseño de las oficinas, la vestimenta de los empleados, las reglas establecidas y las prácticas formales, pero los aspectos más profundos, como los valores, normas, creencias y suposiciones compartidas por los miembros de la organización no se pueden percibir tan fácilmente.

Algunas culturas son fuertes, en el sentido de caracterizarse porque muchos empleados comparten sus valores centrales. En las culturas débiles, por el contrario, pocos empleados comparten los valores centrales de la organización y más bien se puede hablar de la existencia de distintas culturas dentro de ella. En general, es preferible que la cultura organizacional sea fuerte y los empleados compartan valores comunes que les permitan entenderse mejor; sin embargo, una cultura muy fuerte puede ser un obstáculo al cambio y la innovación.

Las culturas organizacionales, aparte de dividirlas en fuertes y débiles, pueden ser clasificadas de muy diversas maneras. Por ejemplo, una clasificación generalmente aceptada es la que las divide en:

- Culturas burocráticas (con énfasis en reglas, políticas, procedimientos, cadena de mando y toma de decisiones centralizadas)

- Culturas de clan (con énfasis en la afiliación, las tradiciones y los rituales)

- Culturas emprendedoras (con énfasis en la innovación, creatividad, toma de riesgos y búsqueda agresiva de oportunidades)

- Culturas de mercado o de misión (con énfasis en el aumento de las ventas, el aumento en la participación de mercado, la estabilidad financiera y la rentabilidad)

Ninguno de esos tipos de cultura es superior a los demás. La cultura más apropiada depende de la naturaleza y fines de una organización y del ambiente en el que ésta se desenvuelve. Por otra parte, aunque puede predominar alguno de los tipos mencionados, en la mayoría de las organizaciones empresariales suele encontrarse una mezcla de esos cuatro tipos.

En algunas ocasiones, puede ser necesario intentar un cambio de la cultura organizacional. Por ejemplo, una empresa con cultura burocrática o de mercado puede considerar deseable transformarse en una empresa con cultura emprendedora.

Modificar la cultura es una tarea nada fácil y requiere mucho tiempo, esfuerzo y compromiso de parte de sus principales directivos y de toda la organización. Es necesario establecer el tipo de cultura que se desea lograr, convencer a todos los miembros de la organización de la necesidad y conveniencia del cambio y avanzar con insistencia y perseverancia en la dirección deseada. Los líderes de la organización deben asegurarse de que el cambio sea coherente, es decir que todos los componentes de la organización se ajusten debidamente, y que se reconozca adecuadamente a las personas que se esfuerzan por comportarse de la manera esperada. A veces puede ser necesario reemplazar a algunos individuos y sustituirlos por otros que encajen en mayor grado con la nueva cultura.

DIFERENCIAS INDIVIDUALES

El comportamiento de las personas en las organizaciones depende, en primer lugar, de las diferencias individuales. Las personas difieren en muchos aspectos, pero los que tienen mayor influencia en su comportamiento en el trabajo son los siguientes:

- Factores hereditarios y de diversidad (diferencias entre los individuos de edad, origen étnico, género, atributos físicos, raza y orientación sexual o afectiva)

- Capacidades (talentos de una persona para realizar tareas mentales o físicas) y habilidades (talentos aprendidos que una persona adquiere para realizar una labor)

Los factores hereditarios y de diversidad y las capacidades y habilidades se combinan con las variables psicológicas individuales (personalidad, valores, percepción, atribución y emoción) para dar lugar a las actitudes o disposiciones hacia determinados tipos de comportamiento, que también pueden considerarse como diferencias individuales.

A. Personalidad

La personalidad es el conjunto de las características y diferencias individuales que distinguen a una persona de otra. Esas características, denominadas rasgos de personalidad, son relativamente estables y hacen que una persona se comporte de determinada manera ante una situación dada. Parte de los rasgos de personalidad de un individuo son heredados, pero otra parte es adquirida durante su experiencia de vida.

Se han propuesto distintas variables para establecer diferencias entre las personalidades de los individuos, pero uno de los modelos más aceptados es el de las "Cinco Grandes" dimensiones, que se basa en las siguientes variables:

- Extroversión

- Afabilidad

- Estabilidad emocional

- Motivación al logro

- Apertura a la experiencia

En general, las personas extrovertidas, afables, estables emocionalmente, motivadas al logro y abiertas a la experiencia se relacionan mejor con las demás personas y presentan un mejor comportamiento en el trabajo.

En situaciones muy bien definidas, casi todos tendemos a reaccionar de la misma manera. Sin embargo, en la medida en que la situación es más ambigua se presentan diferencias de comportamiento dependiendo de las diferencias en personalidad. Por ello, las políticas y los sistemas de las organizaciones tratan de definir bien las situaciones que se pueden presentar, de manera de minimizar el impacto de las diferencias de personalidad en el trabajo y procurar comportamientos predecibles.

B. Actitud

La actitud es la disposición de ánimo de una persona. Es su capacidad para responder favorablemente o desfavorablemente a un objeto, evento, persona o grupo social.

En general, la actitud depende de nuestras creencias, sentimientos e intenciones conductuales. Estos factores influyen en que tengamos mayor o menor disposición de ánimo hacia el trabajo que realizamos, la organización en la que estamos y las personas con las que debemos trabajar.

La actitud influye en el comportamiento, pero no es totalmente determinante del mismo. Por ejemplo, algunas veces las personas aceptan comportarse de una manera determinada aunque su actitud o estado de ánimo sea desfavorable a esa forma de comportamiento. También ocurre que algunas personas son más consistentes que otras y su comportamiento es más compatible con sus actitudes. Por disonancia cognitiva se entiende cualquier incompatibilidad entre dos o más actitudes o entre las actitudes y el comportamiento.

C. Percepción

La percepción es la sensación que tiene una persona de algún suceso o situación. Pero lo que uno percibe puede ser radicalmente distinto de la realidad objetiva. Por ejemplo, no importa lo que los gerentes o administradores piensen y digan; todo esto es mucho menos importante que la forma cómo los empleados vean, perciban e interpreten estos mensajes.

Nuestras percepciones son afectadas en gran medida por nuestras creencias y sentimientos, pero particularmente pueden ser influenciadas por los procesos de atribución y emoción.

D. Atribución

La atribución es la adjudicación de la responsabilidad de un suceso o situación a alguien o algo. Mediante la atribución los individuos interpretan si los sucesos que ocurren en torno a ellos se deben a ellos mismos o a una causa externa. Algunas veces las personas se equivocan y, por ejemplo, atribuyen erróneamente la causa de un suceso o situación a otra persona o a algún factor externo, cuando la realidad es que ellas mismas son responsables de lo que sucede. Con frecuencia, los errores de atribución se deben a que no poseemos ni tratamos de buscar suficiente información acerca de una persona o situación y emitimos juicios sobre bases no firmes.

E. Emoción

La emoción es una conmoción afectiva de carácter intenso. Algunos de los sentimientos considerados comúnmente como emociones son: el amor, el miedo, el odio, el terror, la pena y la alegría. Las personas difieren mucho en cuanto al manejo de sus emociones y algunos psicólogos utilizan el término "inteligencia emocional" para describir la capacidad de manejar las emociones propias y ajenas. El manejo adecuado de las emociones supone que aprendamos a calmar la ansiedad, controlar la impulsividad, reaccionar en forma apropiada al enojo, mejorar nuestra capacidad de relacionarnos con otras personas y responder de manera apropiada a sus emociones, incluyendo sentimientos no expresados.

MOTIVACION

La motivación es el impulso que tiene una persona para comportarse de una determinada manera. Este estímulo determina generalmente el esfuerzo que una persona está dispuesta a realizar para conseguir una meta determinada.

La motivación para el trabajo, en particular, tiene una gran importancia en el comportamiento de las personas en una organización. Las personas motivadas, a diferencia de las desmotivadas, tendrán generalmente comportamientos positivos, caracterizados por una alta dedicación y compromiso a los objetivos de la organización.

A. Teorías de motivación

Se han propuesto diversas teorías o modelos para tratar de explicar en que se basa y cómo ocurre la motivación. Estas teorías pueden clasificarse en teorías de necesidades y teorías de propósito.

Las teorías de necesidades suponen que las personas son motivadas por sus necesidades y, en consecuencia, estos enfoques tratan de determinar cuáles son las necesidades más importantes de los individuos. Entre las principales teorías de necesidades que han sido propuestas se encuentran las siguientes:

- Teoría de la jerarquía de las necesidades (Maslow). Según esta teoría, las necesidades forman parte de una jerarquía. Las necesidades en el nivel inferior son las fisiológicas y las necesidades de nivel superior son de autorrealización. Las personas tratan de satisfacer las necesidades más elementales antes de dirigir el comportamiento hacia la satisfacción de necesidades de nivel superior

- Teoría ERC de Alderfer. Coincide con Maslow en que las necesidades individuales obedecen a una jerarquía. Sin embargo, la jerarquía de necesidades que propone sólo comprende tres conjuntos de necesidades: existencia (E); relaciones (R); y crecimiento (C)

- Teoría de los dos factores (Herzberg). Para este autor, la motivación depende de dos factores: los factores de insatisfacción, necesarios para mantener al menos un nivel de "no insatisfacción" (salario, seguridad en el trabajo, condiciones laborales, condición social, etc.): y factores de satisfacción o motivacionales (logro, reconocimiento, responsabilidad, etc.)

- Teoría de las necesidades aprendidas (McClelland). Considera que muchas necesidades son aprendidas; por ejemplo, las necesidades de logro, afiliación y poder

Otras teorías de motivación que han sido propuestas son las siguientes:

- Teoría de las expectativas (Vroom). Según ella, los empleados tienen más probabilidades de estar motivados cuando perciben que sus esfuerzos producirán los resultados deseados

- Teoría de la equidad (Adams). Supone que a los individuos los motiva el deseo de que los traten en forma equitativa

- Teoría de establecimiento de metas (Locke). Afirma que el comportamiento de un individuo está determinado por las metas que él mismo se establece

Aunque no es, en sentido riguroso, una teoría sobre la motivación, la teoría del reforzamiento (Skinner) propone que el comportamiento es función de las consecuencias conductuales, es decir que el comportamiento es causado por el ambiente. Lo que controla el comportamiento de las personas son los reforzadores (recompensas, castigos), de manera que cualquier consecuencia que inmediatamente siga una respuesta acrecienta la posibilidad de que se repita.

En realidad, la motivación es un fenómeno muy complejo y dependiente de las características de cada individuo y de las circunstancias. Por ello, las diversas teorías que han sido propuestas sólo proporcionan explicaciones parciales de la motivación y son válidas en determinadas circunstancias.

B. Motivación para el trabajo

Aunque existen diferencias importantes entre los individuos en cuanto a motivación, en general la motivación para el trabajo depende de que el empleado:

- Perciba que están satisfechas sus necesidades personales (subsistencia, seguridad, afecto, reconocimiento, autorrealización)

- Le agrade el trabajo específico que realiza

- Esté a gusto con la empresa

Muchas empresas basan erróneamente sus planes de motivación exclusivamente en los sistemas de compensación a los empleados. Es importante tener en cuenta que, aunque una buena remuneración es indispensable para satisfacer las necesidades básicas del individuo, el dinero no es el factor más importante para la motivación. La gente trabaja por dinero, pero trabaja mucho más por lo que tenga sentido para sus vidas. Si la compensación es buena, pero la persona no tiene confianza en la organización y en sus jefes y no le encuentra significado al trabajo que realiza, es posible que permanezca en la empresa mientras no consiga otro trabajo mejor, pero difícilmente desarrollará la lealtad y el compromiso que le permitan tener un desempeño excelente.

ESTRES EN EL TRABAJO

Estrés es la alteración física o psíquica de un individuo por someter su organismo a un exceso de trabajo, tensión nerviosa, etc.

El grado de estrés que produce un evento depende no sólo del evento en sí mismo; también depende de la interpretación que hace la persona del evento. Por consiguiente, las personas reaccionan de distinta manera a eventos o factores estresantes y sufren diferentes efectos como causa de esos eventos.

En general, las personas con personalidad fuerte y relativamente insensibles, denominadas tipo A, sienten menos tensión y sobreviven mejor a las presiones de la vida organizacional, pero generalmente al costo de dañar las relaciones interpersonales que deberían hacer a la organización más efectiva y más tolerable. Incluso se pueden matar a sí mismas en el proceso. El comportamiento extremo tipo A está asociado a varios factores de riesgo importantes para la salud.

El estrés se manifiesta de varias maneras, generalmente en la forma de cambios fisiológicos, sicológicos o conductuales. Un estrés moderado estimula el organismo y aumenta su capacidad de reaccionar. En efecto, el estrés positivo, derivado de un evento placentero, está relacionado con la satisfacción en el trabajo, pero demasiado estrés impone restricciones o exigencias inalcanzables en las personas, cuyo desempeño, como resultado, baja.

Además de disminuir su productividad, las personas se pueden enfermar como causa del estrés. El estrés puede causar dolor de espalda, dolores de cabeza, problemas estomacales e intestinales, infecciones respiratorias, problemas mentales, enfermedad coronaria del corazón y, probablemente, cáncer.

Los factores estresantes son acciones, situaciones o sucesos que imponen exigencias especiales a una persona. Los principales factores estresantes en el trabajo son:

- El conflicto de rol

- La sobrecarga de trabajo

- El cambio

- Las relaciones intragrupales e intergrupales

- La política y la cultura organizacionales

- La reducción de personal

Los factores estresantes se acumulan. Por lo tanto, un factor estresante podría ser poco importante por sí mismo, pero si se añade a niveles muy elevados de estrés puede ser "la gota que derrame el vaso".

La mejor manera de enfrentar el estrés es tratar de atacar el problema. Los eventos son generalmente menos estresantes cuando las personas piensan que pueden predecirlos o controlarlos.

Las personas con mayor estabilidad emocional, confianza en sí mismas y apoyo social están en mejores posibilidades de enfrentar el estrés. Algunas estrategias para enfrentar los factores estresantes incluyen:

- Tomarse días de descanso

- Aprender técnicas de relajación

- Buscar apoyo en amigos y familiares

- Evitar las personas conflictivas

- Practicar ejercicio regular

- Leer lecturas no relacionadas con el trabajo

- Aprender a manejar bien el tiempo

- Capacitarse para mejorar las competencias

TOMA DE DECISIONES

Las decisiones son elecciones entre dos o más alternativas para lograr algo o resolver un problema.

Se requiere constantemente de los gerentes que tomen decisiones en las organizaciones: definiendo objetivos, metas y estrategias; iniciando y dirigiendo nuevos proyectos para mejorar el desempeño de la organización; manejando situaciones de crisis y emergencias; contratando, promoviendo, compensando y despidiendo la gente; asignando los recursos humanos, materiales y económicos a las distintas actividades; negociando con clientes y con otras unidades de la empresa; etc.

De estas decisiones depende, por supuesto, que los objetivos de la organización se puedan alcanzar y también que el comportamiento de las personas dentro de las organizaciones sea positivo. Si la gente no tiene confianza en la capacidad de los gerentes para tomar decisiones y si no siente que se le permite participar en el proceso de toma de decisiones, el clima organizacional se verá afectado negativamente.

A. Clasificación de las decisiones

Se pueden utilizar distintos criterios para clasificar las decisiones. Uno de estos criterios las divide en:

- Decisiones programadas: decisiones repetitivas y de rutina, para las cuales se ha establecido un procedimiento definido para resolverlas o abordarlas.

- Decisiones no programadas: decisiones novedosas, para las cuales no se ha establecido un procedimiento definido para resolverlas o abordarlas.

Como es natural, las decisiones más difíciles son aquellas que no han sido programadas, como las relacionadas con muchas situaciones de crisis y emergencia y también las que tienen que ver con dilemas éticos no previstos. Pero también pueden ser difíciles y criticas algunas decisiones programadas o de rutina, como por ejemplo seleccionar a un empleado entre una lista de candidatos elegibles o promover a alguien para una posición clave entre varias opciones posibles.

B. Procesos de toma de decisiones

Algunas veces, las decisiones se pueden tomar siguiendo un proceso racional de desarrollo, evaluación y selección de alternativas, haciendo uso de métodos cuantitativos para facilitarlo. Sin embargo, la mayor parte de las decisiones no se toman en forma lógica y racional. La incertidumbre, las premuras o presiones de tiempo, la información incompleta, los recursos humanos limitados, los prejuicios y muchos otros factores, pueden afectar el proceso de toma de decisiones y conducir a la disminución de la racionalidad y al uso de la intuición o de corazonadas en este proceso, con el riesgo a veces ineludible de tomar malas decisiones.

C. Decisiones en grupo

En general, las decisiones que toman los grupos son mejores que las que toman los individuos. Una ventaja de la toma de decisiones en grupo es que puede facilitar tanto la identificación de riesgos como la generación de soluciones creativas e innovadoras, así como la implementación de las decisiones, ya que las personas que participaron en el proceso estarán más dispuestas a colaborar en su ejecución.

La participación de los empleados en la toma de decisiones:

• Es más factible en las decisiones no programadas que en las programadas

• Requiere que los empleados posean la información necesaria para tomar las decisiones

• Tiende a mejorar el compromiso del empleado con la decisión

• Puede no ser aconsejable si se anticipa algún riesgo de conflicto en el proceso de toma de decisión

Al tomar decisiones en grupo, es importante tener en cuenta que se debe permitir, e incluso estimular, la discrepancia. Es imprescindible que en la toma de decisiones en grupo se fomente el desacuerdo, se estimule la confrontación de ideas y opiniones y se eviten los riesgos del pensamiento grupal (ilusión de invulnerabilidad, ilusión de moralidad, presión por la conformidad, etc.).

Por otra parte, es importante recordar que la toma de decisiones en grupo no significa que quien decide o representa al grupo se exima de su responsabilidad en la decisión. El es en última instancia directamente responsable y la intención de discutirlo con colegas u otras personas relacionadas con el problema implica sólo el deseo de reunir el máximo de alternativas sumando las experiencias de diferentes personas.

TRABAJO DE EQUIPO

En las organizaciones modernas, prácticamente ningún objetivo importante se puede lograr de manera individual. De allí la necesidad de crear grupos de trabajo para lograr distintos objetivos: resolver problemas; ejecutar proyectos; crear nuevos productos; mejorar procesos; etc. Sin embargo, se comete muchas veces el error de confundir a un grupo de trabajo con un equipo. Para que un grupo de trabajo se convierta en un equipo, es necesario que sus integrantes se complementen y cooperen estrechamente entre ellos para lograr un objetivo común.

La efectividad de los equipos depende de muchos factores, entre ellos los siguientes:

- La selección de los miembros, de manera que, a pesar de la conveniencia de un tamaño reducido del grupo, exista una diversidad adecuada de talentos, habilidades, valores y personalidades de acuerdo con los fines que se persiguen

- La designación de un líder competente, de eficacia comprobada y capaz de ganarse la confianza y el respeto de los miembros del equipo y del resto de la organización

- La definición de un propósito común, con objetivos claros, factibles y compartidos y la definición de responsabilidades colectivas e individuales para lograr esos objetivos

- El apoyo al equipo por parte de la organización, particularmente por parte de la alta gerencia, en cuanto a asignación de recursos, suministro de información y colaboración de otras unidades cuando esta sea requerida por el equipo

- La disponibilidad de tiempo para lograr un proceso de aprendizaje común y consolidación del equipo

- La generación de un ambiente de confianza y compromiso dentro del equipo, con libertad y autonomía para sus integrantes en la ejecución de las tareas a su cargo

- La comunicación frecuente y el intercambio de información entre los miembros del equipo

- La integración de las habilidades complementarias de los miembros del equipo para lograr los objetivos propuestos

- La capacidad del líder para manejar los conflictos que puedan surgir durante la actuación del equipo

Es importante tener en cuenta que los sistemas de compensación y evaluación de desempeño que hacen énfasis en objetivos o incentivos individuales, como lamentablemente ocurre en muchas organizaciones, desfavorecen el trabajo en equipo en las organizaciones.

Los equipos virtuales presentan retos especiales, debido al aislamiento relativo de sus integrantes. Los líderes de estos equipos deben realizar esfuerzos significativos, generalmente apoyados en buenos sistemas de tecnología de información y comunicación, para mantener la motivación, la cohesión y la efectividad del equipo.

MANEJO DE CONFLICTOS

El conflicto es una situación difícil, producto del desacuerdo entre personas.

La discrepancia o disputa entre las personas es algo inherente a la naturaleza humana. Las organizaciones, mientras más complejas sean y más diversos sean sus miembros, más susceptibles son de tener en su seno innumerables conflictos. Por eso, las personas deben aprender a vivir con esta realidad y entender que es algo natural y no necesariamente malo.

El conflicto, mientras no alcance grados excesivos de confrontación, es un signo de que la organización está viva y de que las personas que trabajan en ella pueden expresar libremente sus ideas y sentimientos. La ausencia total de conflicto, por el contrario, puede indicar falta de energía y entusiasmo en la organización y temor en las personas a decir lo que piensan o sienten.

En las organizaciones es necesaria la discrepancia, la diversidad de opiniones y puntos de vista. La existencia de demasiado acuerdo entre los altos directivos puede ser la causa de fracaso de una organización. La divergencia de opiniones, cuando estas se discuten en un ambiente de confianza y respeto, suele mejorar la calidad de las decisiones, estimular la creatividad y la innovación, despertar el interés y la curiosidad entre los miembros de un grupo u organización, proporcionar el medio para que los problemas puedan ventilarse y las tensiones se liberen y generar un ambiente de auto evaluación y cambio.

Sin embargo, también hay suficientes pruebas de que el conflicto muchas veces produce resultados dañinos. Por ejemplo, algunas personas tienen muy baja tolerancia para el desacuerdo. En ese caso, el conflicto personal pude ser causa de desánimo y desmoralización. Demasiados conflictos son perjudiciales, generan caos y dañan las relaciones personales. Los conflictos improductivos son denominados disfuncionales, en contraposición a los conflictos funcionales, que más bien – como hemos visto- pueden servir para mejorar el desempeño de una organización.

Cuando el conflicto organizacional es excesivo, es frecuente observar problemas de comunicación, rivalidades, recurrencia a los niveles superiores para resolver disputas, proliferación de reglas y normas, frustración e ineficiencia.

Dado que los conflictos suelen ser inevitables en una organización, lo importante es manejarlos bien. El manejo de conflictos debe comenzar por tener en cuenta la naturaleza de los mismos, así como sus causas. Son muchas las posibles causas de conflictos organizacionales, pero las más probables son las diferencias entre las personas, el establecimiento de metas diferentes para las distintas unidades e individuos, la injusticia y la inequidad y la falta de flexibilidad en la atención de los problemas personales de los empleados.

Las personas tratan de resolver los conflictos de diversas maneras. Algunas utilizan la coacción, intentando salirse con la suya. Otras evaden el conflicto o complacen a la persona con la que tienen un conflicto, tratando de no molestarla. Y muchas intentan una estrategia de negociación, tratando de alcanzar rápidamente un acuerdo o de colaborar con el otro para solucionar juntos un problema. La selección del método más apropiado depende de su congruencia, tanto con las preferencias personales como con las consideraciones situacionales. En general, el resultado final debe ser la resolución exitosa de la disputa.

Aunque no necesariamente constituye el método más adecuado para resolver conflictos en todas las situaciones, la negociación es un método empleado con mucha frecuencia en las organizaciones. La negociación es un proceso en el que dos o más partes tratan de llegar a un acuerdo aceptable en una situación caracterizada por cierta disconformidad.

En el ámbito de los negocios son numerosas las necesidades de negociación, por ejemplo:

Entre una empresa y sus clientes o proveedores, para llegar a acuerdos sobre el precio, calidad o fecha de entrega de productos o servicios

- Entre la empresa y los organismos oficiales reguladores, para llegar a acuerdos sobre precios u otras condiciones de comercialización de productos y servicios

- Entre la empresa y los sindicatos de trabajadores, para llegar a acuerdos sobre las condiciones de trabajo y remuneración

- Entre gerentes, para tomar decisiones y llegar a acuerdos sobre sus relaciones de trabajo

- Entre un gerente y sus subordinados, para llegar a acuerdos sobre los objetivos y condiciones de ejecución de los trabajos.

El resultado ideal de las negociaciones, generalmente, es un esquema en el que cada parte gana sin que la otra tenga una pérdida correspondiente.

Algunas personas emplean tácticas de negociación basadas en la habilidad, la sagacidad, el disimulo, el engaño o la intimidación. Siglos de experiencia diplomática, sin embargo, aconsejan un comportamiento más respetuoso. Un buen negociador:

- Nunca basa el éxito de su negociación sobre falsas promesas o quebrantamientos de su palabra

- Negocia sobre bases ciertas y presta la mayor atención posible a la redacción precisa y completa del posible acuerdo, sin dejar lugar a dudas o dificultades de interpretación de ningún tipo

- Se mantiene tranquilo y sosegado durante toda la negociación

- Muestra buen carácter o, por lo menos, es capaz de mantener su mal genio sometido a un control perfecto

- Soporta con resignación las adversidades y espera siempre el momento oportuno

- No presume de sus méritos o no les da importancia y es capaz de despojarse de su propia opinión con el fin de colocarse en la posición de la persona con la que está negociando

- Es fiel a la organización o a los intereses que representa y también es leal a la persona u organización con la cual negocia

PODER Y POLITICA

Muchas personas creen que la política es algo que sólo tiene que ver con el gobierno y las elecciones para cargos públicos. La realidad es que la política, es decir la lucha por el poder, está presente en las organizaciones humanas de todo tipo. Las organizaciones son comunidades de personas y, por consiguiente, se comportan como las demás comunidades. En ellas hay competencia por poder y recursos, hay diferencias de opinión y de valores y conflictos de prioridades y metas.

Para comprender la naturaleza de la actividad política en las organizaciones, es necesario comenzar por diferenciar la autoridad del poder. La autoridad es el derecho formal y oficial que tiene un directivo, en función de su cargo, de decidir y actuar en la organización, mientras que el poder es la capacidad de ejercer influencia sobre otros y esta capacidad puede ser o no consistente con la autoridad. Puede ocurrir, y de hecho ocurre con cierta frecuencia, que una persona tenga más influencia, es decir más poder, que el que supuestamente corresponde al cargo que desempeña en la organización. También puede ocurrir lo contrario; es decir, que una persona, a pesar de ejercer un cargo importante en la organización, tenga poco poder o influencia por su falta de interés o de capacidad personal.

En general, de acuerdo con el puesto que una persona ocupa en la organización tiene un cierto poder formal (poder coercitivo, poder de recompensar, poder legítimo, poder de la información), pero con independencia del puesto que ocupa puede tener un poder personal, basado en las características únicas del individuo (poder del experto, poder referente o de identificación con la persona, poder carismático).

Algunos de los principales resultados de los estudios sobre el poder son los siguientes:

- Las fuentes de poder más usuales son la autoridad, la competencia y el control de recursos

- Las personas con mayor capacidad para adquirir poder poseen facilidad de expresión, sensibilidad, habilidad social, competencia y popularidad

- El poder se logra generalmente por medio de la conversación

- El poder se emplea más en condiciones de escasez de recursos y para recursos cruciales o decisiones importantes

El otorgamiento de poder ("empowerment") o, mejor dicho, la delegación de autoridad, es un proceso que ha recibido mucha atención de los investigadores, encontrándose que:

- Existe una tendencia hacia la delegación de autoridad en las organizaciones

- Hay diferentes grados de delegación de autoridad

- La delegación de autoridad se debe generalmente a la necesidad de prestar un servicio más rápido, económico y eficiente

- La delegación de autoridad suele ser beneficiosa para la motivación de los empleados

- La delegación de autoridad requiere de información para actuar y de mecanismos para exigir responsabilidad

Al igual que ocurre en el gobierno de los países, quienes no tienen poder en una organización y quieren tenerlo o desean tener más poder forman coaliciones; es decir, se asocian o unen con otras personas, incluso a veces de fuera de la organización, para tratar de ocupar las más altas posiciones directivas y/o ejercer mayor influencia en la dirección de la organización.

Como resultado de la intensa actividad política y de los cambios que han ocurrido en las organizaciones, el lenguaje mismo de la gerencia ha ido cambiando. En lugar de jefes se prefiere hablar de líderes, en lugar de mandar u ordenar se prefiere hablar de convencer o persuadir, en lugar de dirigir se prefiere hablar de coordinar, en lugar de hablar de jerarquías se prefiere hablar de grupos y equipos, etc.

Si bien la política es algo inseparable de la vida de una organización, las personas pueden sentirse incómodas y hasta amenazadas cuando trabajan en un ambiente con alto nivel de comportamiento político. Este exceso de actividad política suele ocurrir con mayor frecuencia en organizaciones grandes, complejas y en estado avanzado de su ciclo de vida organizativo o en situaciones de escasez de recursos. Cuando la actividad política es excesiva, algunas personas, para sobrevivir, optan por estar bajo la sombra de los actores percibidos como fuertes y convertirse en sus seguidores para sentirse seguros; otras ignoran las actividades que ocurren a su alrededor y se concentran en su trabajo. Este ambiente, por supuesto, puede ser dañino para la organización. Para evitar un exceso de actividad política, las organizaciones deben propiciar la discusión abierta de las diferencias y el manejo constructivo de los conflictos.

ESTRUCTURA ORGANIZACIONAL

Las organizaciones deben ser diseñadas. Aunque muchas veces se suele confundir el diseño organizacional con la definición de la estructura, esta última actividad es sólo parte del diseño organizacional. El diseño de una organización debe consistir en un arreglo adecuado de sus distintos componentes: estrategia, estructura, gente, estilo de dirección, sistemas y cultura.

La estructura organizacional, es decir la manera en que se dividen, organizan y coordinan las actividades de una organización, debe ser congruente con todos los demás componentes de la organización, para que ésta pueda lograr eficientemente sus objetivos.

A. Tipos de estructuras organizativas

Existen diversas formas de estructuras organizativas, entre las cuales las empresas deben elegir la que más convenga a su naturaleza y tamaño. Los principales tipos de estructuras organizativas son los siguientes:

- *Estructura simple.* Esta estructura cuenta sólo con un directivo y un núcleo de trabajadores que él dirige personalmente. Es la estructura típica de cualquier pequeño negocio dirigido por su único dueño. Por supuesto, el origen de tal tipo de estructura se remonta a muchos siglos atrás. A pesar de la aparición posterior de otros tipos de estructuras, más complejas y por lo tanto más adecuadas para organizaciones más grandes, esta estructura continúa siendo probablemente la más utilizada en el mundo, ya que es la que suelen emplear miles de microempresas y pequeñas empresas en todas partes.

- *Estructura funcional.* Las actividades se reúnen por funciones comunes desde la base hasta la cima de la organización. Las funciones más comunes en la mayoría de las organizaciones son las de mercadeo, finanzas y operaciones o producción, distinguiéndose además funciones de apoyo como planificación y administración de recursos humanos.

- *Estructura divisional o multidivisional.* En esta estructura, la organización –generalmente denominada corporación- establece distintas divisiones que se responsabilizan de determinados productos, servicios, grupos de clientes o áreas geográficas.

- *Estructura matricial.* Este es un tipo de estructura basada en equipos, con muchos vínculos horizontales y empleados con mucha autonomía.

Aparte de esas formas tradicionales de estructuras organizativas, existen las nuevas estructuras organizativas o estructuras virtuales. Aunque no existe una definición única de estructura virtual, se acepta generalmente que este tipo de estructura se caracteriza por:

- La existencia de múltiples enlaces entre los individuos a través de redes dentro y fuera de la organización, facilitados por las tecnologías de la información y la comunicación

- La ejecución de procesos continuos de creación, difusión y utilización de conocimientos a través de la organización

- La disminución de importancia de la división departamental y la jerarquía

- La estructuración del trabajo alrededor de flujos de trabajo o procesos

- La realización del trabajo en equipos, generalmente autogestionados, que se forman y se deshacen continuamente

- El funcionamiento de la organización como un sistema abierto, sin fronteras ni límites claramente definidos y utilizando recursos que pueden estar en cualquier parte, siendo frecuentes las alianzas o vínculos de afiliación con múltiples individuos y organizaciones externas

- La concentración de la organización central en sus competencias centrales o distintivas, utilizando su amplia red de proveedores y aliados para que lleven a cabo las tareas que aquellos pueden realizar mejor

- La flexibilidad para modificar la estructura organizativa en respuesta a los cambios en las condiciones ambientales

Entre las principales diferencias entre las estructuras virtuales y las estructuras convencionales, se han señalado las siguientes:

- La estructura virtual es mucho más plana, con las muchas capas de dirección media tradicional reemplazadas por enormes ámbitos de control para la dirección, facilitados por la tecnología

- Las nuevas estructuras organizativas están enfocadas hacia el aprendizaje continuo, el desarrollo de las capacidades centrales de la empresa y la flexibilidad

- Las nuevas estructuras organizativas son más descentralizadas y flexibles, así como orientadas a la innovación en lugar de orientadas a la eficiencia

La emergencia de estructuras virtuales se atribuye a la necesidad de las empresas de mejorar su flexibilidad y adaptabilidad frente a un entorno cada vez más caótico.

Aunque muchas organizaciones modernas combinan una estructura organizativa formal convencional con características operativas propias de estructuras virtuales, no hay duda de que en la medida en que el grado de virtualidad en la organización es mayor, la forma organizativa que ésta adopta difiere más de una estructura organizativa convencional y debe ser considerada como una nueva forma organizativa.

B. Selección de la estructura organizativa

La conveniencia de un tipo de estructura organizativa para una organización determinada, ante las distintas opciones de estructura que puede elegir, depende de la efectividad de ese tipo de estructura para esa organización en particular. En todo caso, es importante tener en cuenta que la estructura debe estar subordinada a los procesos que debe realizar la organización. Por esta razón, generalmente el primer paso en el diseño organizacional, luego de establecerse la estrategia, es el diseño de los procesos de trabajo y a partir de ellos se definen la estructura, los sistemas y la gente necesaria para llevar a cabo esos procesos, así como el estilo de dirección más apropiado para la cultura que se desea desarrollar.

ETICA EN LAS ORGANIZACIONES

Ética es la distinción entre el bien y el mal, la convicción de que hay razones para preferir un tipo de actuación a otros. Las personas somos libres y podemos optar por llevar una vida virtuosa, conforme a principios morales caracterizados por el respeto a la humanidad, o comportarnos de cualquier otra manera. Pero si uno opta por una vida virtuosa, debe aprender a distinguir las acciones buenas de las que no lo son. Para saber si una acción es buena o condenable, uno debe uno preguntarse qué ocurriría si todos se comportaran como uno. Por eso, matar, robar, violar, agredir, torturar, etc., son acciones condenables. Tal es el sentido de la célebre formulación del imperativo categórico propuesto por el filósofo alemán Kant en el siglo XVIII: "Obra únicamente conforme a la máxima que hace que puedas querer al mismo tiempo que se convierta en una ley universal".

El comportamiento ético de un gerente implica cumplir con las leyes y normas que aplican al ejercicio de su actividad, pero va más allá de lo legal. En particular, el gerente debe basar su actuación en los principios de justicia y responsabilidad. La justicia implica un respeto a todas las personas de dentro y fuera de la organización, lo que se manifiesta en una relación honesta y equitativa con todas ellas, procurando su bienestar. La responsabilidad es la obligación de dar cuenta de sus actos y de los de las personas con las que trabaja.

La incorporación de la ética en la toma de decisiones implica tomar en cuenta, de manera adecuada, las posibles consecuencias de la decisión. Las peores decisiones son las que ponen en riesgo la continuidad de la empresa, debido a elevadas pérdidas financieras, conflictos legales o pérdida de legitimidad por faltas a su responsabilidad social, así como las que afectan negativamente la salud o el bienestar de las personas (empleados, consumidores, etc.). En estas situaciones, los gerentes deben hacer uso de su mejor criterio profesional y de los principios éticos que deben acompañar a toda decisión.

Los códigos de ética de las empresas pueden tener alguna utilidad, pero en general no han servido para evitar graves situaciones de corrupción, que algunas veces han alcanzado la dimensión de grandes escándalos públicos. Cada vez es más necesario que los gerentes incorporen la ética en las decisiones de negocios, pero lamentablemente el engaño y la codicia suelen prevalecer en el mundo empresarial.

CAPITULO 2

ADMINISTRACION DE RECURSOS HUMANOS

RECURSOS HUMANOS

Las organizaciones necesitan, para su existencia y funcionamiento, de empleados o personas, a los que se les ha denominado en distintas épocas el personal, los recursos humanos, la gente o el capital humano.

Las organizaciones y los individuos que trabajan en ellas tienen diferentes necesidades, pero para que la organización pueda lograr sus objetivos es necesario que sus necesidades armonicen con los de las de los empleados. Algunas organizaciones logran un buen ajuste entre sus necesidades y las de sus integrantes, pero en muchas otras ese ajuste no se logra, generalmente por desinterés o incompetencia de sus gerentes.

Aunque todos los gerentes aseguran que su activo más importante son sus empleados y que de ellos depende el éxito de las empresas que dirigen, la realidad es que existe una brecha muy grande entre lo que se dice y lo que se hace en relación con la gestión de recursos humanos. La verdad es que esta gestión, a pesar de su importancia, deja mucho que desear en la mayoría de las empresas, que privilegian los resultados económicos por encima del bienestar de su gente.

GESTION DE RECURSOS HUMANOS

La gestión de recursos humanos es el proceso consistente en contratar, desarrollar, motivar y evaluar a los empleados para alcanzar las metas de la empresa. Este proceso comprende las siguientes actividades:

- La planificación de los recursos humanos
- El reclutamiento
- La selección
- La inducción
- La capacitación y el desarrollo
- La evaluación del desempeño
- La planificación de carrera

PLANIFICACION DE RECURSOS HUMANOS

La planificación de los recursos humanos consiste en el diseño de una estrategia para tener los recursos humanos que se necesiten. El plan de recursos humanos, como es lógico, debe basarse y formar parte esencial del plan estratégico de la empresa u organización.

En la práctica, ante la incertidumbre, muchas empresas tratan de operar con la menor cantidad posible de personas fijas necesaria para sus operaciones normales, cubriendo sus necesidades eventuales a través de outsourcing o de otras formas de subcontratación o mediante alianzas estratégicas con otras empresas. Por ello, la función de planificación de recursos humanos, excepto en empresas nuevas o en períodos de alto crecimiento, suele limitarse a la previsión de necesidades derivadas del retiro de personas ya empleadas por renuncia, despido o jubilación.

ANALISIS DE PUESTOS

El diseño del puesto es el proceso por el cual los gerentes deciden el puesto de cada empleado dentro de la estructura organizacional y aclaran lo que el empleado debe hacer en ese puesto.

El diseño del puesto debe contribuir a garantizar la calidad de vida laboral y debe propiciar el buen desempeño laboral. Algunas de las estrategias que contribuyen a un buen diseño del puesto son:

- El enriquecimiento del puesto (delegación de autoridad)

- La consideración de las diferencias individuales

- El establecimiento de propiedades que permitan una percepción positiva del puesto (variedad, trascendencia, autonomía)

Las diferencias individuales son particularmente importantes en el buen diseño del puesto. Por ejemplo, algunas personas se desempeñan mejor en trabajos simples y rutinarios, mientras que otras lo hacen mejor en trabajos complejos e interesantes.

La tecnología está cambiando los trabajos de las personas y su comportamiento laboral. En algunos aspectos esos cambios pueden ser positivos, ya que permiten mayor autonomía del individuo y facilitan además su relación con muchas otras personas dentro y fuera de la organización, aumentando generalmente la productividad y eficiencia. Entre los aspectos negativos se ha señalado la posibilidad de distracciones en el trabajo, así como la dependencia de sistemas que prescriben la ejecución de las tareas de manera automática.

Un efecto adicional de la tecnología, y muy importante, es la desaparición misma del concepto de "puesto de trabajo". La tecnología permite que el trabajo se estructure alrededor de múltiples flujos o trabajo o procesos, que muchas veces hacen innecesario y hasta perjudicial el concepto rígido de puesto de trabajo, ya que las personas deben desarrollar diversas tareas y desempeñar distintos roles según lo requieran esos procesos de trabajo. Los procesos están desplazando a los puestos como unidades de trabajo en las organizaciones.

COMPETENCIAS LABORALES

Competencia es la cualidad que hace que un objeto sea adecuado para cierto fin. Competencia laboral, en particular, es la aptitud o idoneidad de una persona para llevar a cabo un determinado tipo de trabajo.

Las competencias laborales son consideradas por algunos autores como rasgos de personalidad y para otros incluyen también conocimientos o formas de comportamiento. También se ha intentado establecer diferencias entre aptitudes, capacidades, competencias, destrezas y habilidades; por ejemplo, se distingue entre las aptitudes o capacidades potenciales que posee la persona y las habilidades o destrezas que demuestra en el trabajo. En lo único que parece haber coincidencia es que las competencias son características individuales que están relacionadas con la eficiencia, efectividad o eficacia de la persona en una situación laboral determinada.

Tratando de establecer una especie de consenso sobre lo que es una competencia laboral, la Organización Internacional del Trabajo (OIT) declaró: "Un concepto generalmente aceptado la define como una capacidad efectiva para llevar a cabo exitosamente una actividad laboral plenamente identificada. La competencia laboral no es una probabilidad de éxito en la ejecución de un trabajo; es una capacidad real y demostrada".

La gestión de competencias es un modelo o sistema de gestión del capital humano de la empresa, que se basa en el análisis de las capacidades y resultados necesarios para un desempeño competente. Es una forma de alinear la gestión de recursos humanos a la estrategia de la organización. En ella, los puestos, cargos y roles se diseñan partiendo de las competencias que se requieren para que los procesos alcancen el máximo desempeño.

Existen tres técnicas principales de evaluación o medición de las competencias: la observación conductual a través de pruebas situacionales; la entrevista conductual o por competencias; y los cuestionarios de competencias. Estas técnicas suelen aplicarse en las distintas fases de la gestión de recursos humanos: selección; capacitación y entrenamiento; desarrollo; evaluación de desempeño; planes de carrera y sucesión; y compensación.

Aunque el concepto de competencia es ampliamente aceptado en la gestión de recursos humanos, se discute en cuanto a si las aptitudes o capacidades potenciales de una persona son útiles para predecir su desempeño futuro. La opinión más generalizada parece ser la de basarse con cautela en las capacidades potenciales y tomar más en cuenta los resultados obtenidos en trabajos anteriores. No sólo la Organización Internacional del Trabajo (OIT) ha dictaminado, como ya vimos, que "la competencia laboral no es una probabilidad de éxito en la ejecución de un trabajo; es una capacidad real y demostrada", sino que varios autores sostienen que el mejor predictor del comportamiento futuro de una persona es su comportamiento pasado.

RECLUTAMIENTO Y SELECCION

El reclutamiento se ocupa de desarrollar una serie de candidatos a empleo, acordes al plan de recursos humanos. El propósito del reclutamiento es formar un grupo de candidatos lo bastante grande como para que los gerentes puedan elegir a los empleados calificados que necesitan. Para poder llevar a cabo un proceso de reclutamiento es necesario determinar previamente el perfil o atributos ideales que debe reunir el candidato a buscar. Este perfil suele reunir tanto características generales que deben reunir todos los empleados de la empresa como requisitos generales y específicos para el tipo de trabajo que se supone deberá desarrollar dentro de la empresa.

La mayoría de las empresas suele reclutar el personal que necesita a través de su página Web, avisos de prensa, agencias especializadas de reclutamiento u otros medios directos, tales como las solicitudes de información a universidades u otros centros de formación. También es frecuente recurrir a los propios empleados para que éstos propongan candidatos que conozcan y crean que pueden ser aptos. Esta es una de las mejores y más económicas fuentes de reclutamiento.

Cuando se requiere reclutar empleados jóvenes, generalmente no hay más opción que hacerlo en las universidades o en el mercado de trabajo. Si los candidatos van a ocupar posiciones de nivel alto o medio dentro de la organización, cabe la posibilidad de reclutarlos dentro de la misma empresa. También es posible considerar la conveniencia de volver a contratar empleados competentes, que se retiraron de la empresa por motivos personales no conflictivos.

En general, es recomendable la promoción dentro de la empresa, dándole así oportunidades de crecimiento a los mejores empleados; sin embargo, también es necesario para las empresas incorporar de vez en cuando personas de afuera, cuya capacidad de desempeño haya sido comprobada, sobre todo para ocupar puestos elevados en la capa media de la gerencia, con el objetivo de incorporar distintas ideas y prácticas de trabajo que contribuyan a renovar la manera de funcionar de la empresa y eviten que ésta se convierta en un sistema cerrado, aislada del mundo exterior.

Las prácticas de selección de una organización determinarán a quien se contrata. Si se diseñan convenientemente, identificarán a los candidatos competentes y los harán coincidir con los puestos y la empresa. El uso de los medios de selección apropiados aumentará la probabilidad de escoger a la persona adecuada para cubrir una vacante. La selección implica utilizar solicitudes, currículos, entrevistas, pruebas de empleo y habilidades, pruebas sicológicas, dinámicas de grupos, así como verificación de referencias, con objeto de evaluar y seleccionar a los candidatos que se presentarán a los gerentes, los cuales, en última instancia, seleccionarán y contratarán al candidato.

Es importante que en el proceso de selección se respeten las leyes que prohíben la discriminación. En Estados Unidos, por ejemplo, se prohíbe que en estos procesos se hagan preguntas sobre edad, género, religión, raza, color, nacionalidad de origen e incapacidad.

Quizás el principal factor a tomar en cuenta en la selección de un empleado sean sus logros en trabajos anteriores. Y si los candidatos presentan logros similares, entonces se debe tratar de escoger al más inteligente.

Al seleccionar un candidato en una empresa moderna o en cualquier gran corporación, es necesario tomar en cuenta no sólo el perfil del individuo en relación con los requerimientos del puesto de trabajo que se le está ofreciendo de inmediato sino las posibilidades del individuo de adaptarse y desarrollarse dentro de la empresa en un plazo mucho más largo. La contratación de las personas debe ser para carreras más que para puestos. Por esa razón, es importante verificar que los valores del individuo sean consistentes con los de la organización.

RETENCION

Las estrategias adecuadas de retención de empleados mejoran el desempeño organizacional. Definir estrategias adecuadas de retención implica identificar lo que motiva a los empleados para seguir trabajando en la organización. En general, estas estrategias deben incluir no sólo buenas políticas salariales sino que se requiere especialmente de:

- Trato humano, con palabras de estímulo por parte de los gerentes

- Información periódica a la gente sobre las razones de ciertas decisiones y los resultados que se esperan de ellas

- Implementación de políticas que demuestren la confianza de la gerencia en los empleados en lo que respecta a las actividades rutinarias que ellos realizan

- Políticas y prácticas organizacionales que reconozcan a los empleados como amigos y socios en el progreso de la organización

- Políticas de reconocimiento y promoción que enfaticen el trabajo duro, la honestidad y la integridad en lugar del favoritismo indebido

- Beneficios orientados directamente a mejorar el bienestar de las familias de los empleados (educación, préstamos a bajo interés para la adquisición de viviendas, etc.)

Es necesario tener una remuneración adecuada, pero éste no es el mecanismo más seguro para retener a la gente. Hay mecanismos de retención que son más efectivos y que tienen que ver con las oportunidades, el ambiente de trabajo, el liderazgo que se ejerce dentro de la organización, los retos que pongan en juego las mejores capacidades de las personas en forma permanente y el reconocimiento de los resultados y del desempeño.

Los estudios realizados en distintos países sobre la satisfacción en el trabajo demuestran que la mayoría de los empleados no están contentos en la organización en la que trabajan y si tuviesen la oportunidad se irían a otra organización. En efecto, la movilidad de los trabajadores entre distintas organizaciones es cada vez mayor, posiblemente tanto por iniciativa de los empleados como por decisión de los empleadores. La causa más importante para dejar una organización suele ser la mala relación con el jefe inmediato.

TRATO JUSTO Y CUMPLIMIENTO DE LEYES

Además de un contrato formal desde el punto de vista legal, cuando un empleado ingresa en una organización se establece un contrato psicológico entre el empleado y el empleador. En general, el empleador espera que el desempeño del trabajador sea bueno y si se obtienen ganancias, como consecuencia de ese buen desempeño, se mantiene el empleo y se proporcionan aumentos de sueldo. Los empleados, por su parte, esperan que los empleadores sean justos con ellos, los compensen adecuadamente y procuren su estabilidad en el empleo.

Aparte del contrato formal de trabajo y del contrato psicológico, existen leyes que regulan las relaciones entre el patrono o empleador y los trabajadores. El Derecho Laboral o Derecho del Trabajo es el conjunto de principios y normas jurídicas que regulan las relaciones entre empleador(es), trabajador (es), las asociaciones sindicales y el Estado.

En el ordenamiento jurídico de cada país se contemplan las garantías y libertades que tienen los individuos, y la protección de que gozan frente al empleador y frente al Estado. En las leyes suelen existir derechos sociales que regulan garantías mínimas asegurables para los trabajadores, y frente a sus empleadores. Entre ellas se pueden mencionar:

- Derecho al trabajo

- Derecho al salario mínimo

- Indemnización ante despido injusto

- Jornada de trabajo, descanso semanal y vacaciones

- Seguridad social. En algunos países este es un mecanismo tripartito: el empleado, el patrono y el Estado aportan dinero.

- Estabilidad de los funcionarios públicos

- Seguridad e higiene en la empresa, para tener un ambiente limpio y sano de trabajo. La materia contempla dos temas específicos: los accidentes de trabajo y las enfermedades profesionales

- Derecho de sindicación

- Derecho de huelga y de cierre patronal. Con esto se da una igualdad de armas: si el trabajador tiene derecho a la huelga, el empleador tiene derecho al cierre. Algunos ordenamientos excluyen del derecho a huelga para aquellos sectores que proveen servicios públicos trascendentales

- Derecho a negociar colectivamente

Un aspecto que está recibiendo una atención creciente es el de la protección de los trabajadores contra el acoso sexual o de cualquier otra naturaleza (ofensas por motivos religiosos, mal trato e irrespeto a las mujeres, etc.) en el lugar de trabajo. Por otra parte, los empleadores están siendo intolerantes contra el abuso de sustancias (alcohol, drogas, etc.) en el trabajo.

En los Estados Unidos existe un gran número de leyes para proteger a los trabajadores. Sin embargo, el empleador puede poner fin al contrato de trabajo en cualquier momento y por cualquier razón (excepto por una razón ilegal). Las leyes protegen a los trabajadores contra el acoso sexual o la discriminación en el lugar de trabajo, les conceden hasta 12 semanas de tiempo no remunerado al año en caso de enfermedad (sujeto a algunas condiciones) y establecen un salario mínimo así como condiciones para el pago de horas extras o de sobre tiempo.

EVALUACION DE DESEMPEÑO

La evaluación del desempeño es una comparación del desempeño real y del desempeño esperado de los empleados.

Aunque el fin inmediato de la evaluación de desempeño debería ser que sirva de instrumento para determinar las acciones que deben realizar el empleado y/o la empresa para que él mejore su desempeño, es muy frecuente que se utilice como base para determinar su compensación, particularmente su compensación variable.

Algunas empresas requieren que los empleados realicen primero una auto evaluación y luego la discutan con su supervisor; en otras, el supervisor realiza directamente la evaluación y en algunas se permite que otras personas - compañeros de trabajo, subalternos o supervisores funcionales del evaluado-, también participen en la evaluación.

La evaluación de desempeño puede basarse en dos tipos de criterios, ambos con dificultades para su aplicación:

- Criterios subjetivos, tales como el comportamiento del empleado, su disposición a colaborar con los objetivos de la empresa y apoyar a otros empleados, la puntualidad y efectividad en el cumplimiento de sus asignaciones de trabajo, su interés por superarse, etc. Por tratarse de criterios subjetivos, el evaluador puede tener una opinión distinta del evaluado sobre su desempeño. Esta dificultad ha hecho que en muchas empresas se desestimen estos criterios y se prefiera emplear criterios más objetivos; en otras, sin embargo, se intenta disminuir la subjetividad haciendo participar a varias personas en la evaluación (compañeros de trabajo, subalternos o supervisores funcionales del evaluado).

- Criterios objetivos, generalmente el logro de determinadas metas cuantificables. El problema está en que es muy difícil establecer metas cuantitativas cuyo cumplimiento dependa sólo del evaluado. Algunos autores incluso afirman que esto es prácticamente imposible, pues en una organización casi nada se puede lograr sin el concurso de varias personas y generalmente es muy difícil determinar el grado de contribución de cada una de ellas en ese logro. Pero, a pesar de la imprecisión y posiblemente hasta de la injusticia en la aplicación de estos criterios "objetivos", son los que se suelen utilizar con mayor frecuencia en las evaluaciones de desempeño.

La mayoría de las evaluaciones de desempeño tienen lugar una o dos veces al año en las organizaciones. Varios autores advierten que la retroalimentación al empleado debe ser continua y la evaluación anual de desempeño debe ser simplemente un compendio de lo que el empleado ha oído durante todo el año. En todo caso, los gerentes deben desarrollar el buen hábito de dar una retroalimentación continua a sus empleados.

ENTRENAMIENTO Y DESARROLLO DE LA FUERZA DE TRABAJO

La capitación y el desarrollo son actividades formativas en las cuales un empleado adquiere más conocimientos y habilidades que le servirán para mejorar su desempeño laboral. Los programas de capacitación tienen el propósito de mantener o mejorar el desempeño en el trabajo presente, mientras que los programas de desarrollo pretenden desarrollar capacidades para empleos futuros.

A. Capacitación

Cualquiera que sea la forma de detectar las necesidades de capacitación, la empresa puede satisfacerlas a través de cursos internos o externos:

- Los cursos internos se realizan generalmente en las instalaciones de la empresa y pueden ser dictados por profesores o instructores contratados o por otros empleados. Los cursos internos tienen la ventaja de abaratar el costo de la capacitación y facilitar, además, la transferencia de conocimientos dentro de la empresa. Algunas corporaciones han desarrollado a tal punto sus programas internos de capacitación que han constituido verdaderas universidades, muchas veces en alianzas o convenios con universidades tradicionales.

- Los cursos externos son los que imparten las instituciones académicas y a las cuales la empresa envía a empleados seleccionados. Los cursos externos tienen la ventaja de ser generalmente programas de capacitación de mayor profundidad y calidad y permitir, además, el intercambio de experiencias con empleados de otras empresas, lo que suele enriquecer y ampliar en gran medida los conocimientos y las habilidades de los empleados.

Una alternativa a los cursos presenciales, internos o externos, es el auto adiestramiento con ayuda del computador, aunque algunos estudios lo consideran poco efectivo. Una mejor opción es la educación virtual, que está extendiéndose en todo el mundo y su calidad es cada vez más satisfactoria, representando una buena oportunidad sobre todo para la capacitación de personas que viajan o no tienen la posibilidad de asistir regularmente a cursos presenciales.

Aunque las empresas pueden obtener beneficios de la inversión en el entrenamiento de sus empleados, muchas de ellas invierten cantidades significativas de dinero en su capacitación, sin obtener resultados satisfactorios. Para que estos resultados se produzcan, es necesario, además de la calidad de los cursos y programas de capacitación, que las actividades sean oportunas y pertinentes; es decir, la capacitación es más efectiva cuando se realiza en el momento preciso para satisfacer una necesidad específica de un individuo en su trabajo.

B. Desarrollo de los empleados

El desarrollo de los empleados dentro de la empresa no se limita a los programas de capacitación sino que se ve favorecido por las oportunidades de aprendizaje y experiencia en el trabajo dentro de la empresa, sobre todo si esas oportunidades han sido seleccionadas de acuerdo con las características y necesidades específicas de cada individuo.

El desarrollo de los empleados también se puede facilitar mediante la ayuda de mentores. Los mentores son generalmente otros empleados, con experiencia y conocimientos avanzados en alguna área, preferiblemente ocupando puestos superiores en la dirección de la carrera del empleado, que pueden ayudar al empleado a desarrollar las habilidades que necesita para tener éxito en su trabajo y las habilidades que requiere para construir una carrera satisfactoria.

COMPENSACION

La compensación es el pago que se da un empleado en retribución por el trabajo que realiza para la empresa.

A. Sistemas de compensación

Los sistemas de compensación o remuneración deben estar orientados a atraer y retener a las personas con mayor talento y a estimular en ellos el mejor desempeño posible. Estos sistemas deben ser diseñados para:

- Proporcionar seguridad económica a los empleados

- Relacionar sus ingresos con su productividad, su contribución a los objetivos de la empresa y el éxito financiero total de la empresa

- Asegurar justicia y equidad en los sueldos y salarios

- Establecer programas especiales para compensación a ejecutivos

- La mayoría de los sistemas de compensación, sobre todo para los vendedores y gerentes, comprenden:

- Un salario base, de acuerdo con las condiciones del mercado de trabajo

- Un salario variable, el cual se usa como incentivo para recompensar las mejoras en los resultados

El salario base generalmente debe asegurar al empleado los estándares mínimos de calidad de vida y el salario variable debe representar una fracción importante del salario total, para que constituya un verdadero incentivo al mejor desempeño del empleado.

En muchas empresas, la remuneración variable de sus vendedores y de algunos de sus gerentes puede representar varias veces la remuneración fija de esos empleados. Esta remuneración variable debe estar asociada al cumplimiento de los objetivos de cada empleado, medidos en la evaluación de desempeño, y debe ser proporcional a la contribución del empleado a los resultados de la empresa y justa, tanto en términos de esa contribución como en relación con la remuneración de otros empleados.

PROBLEMAS RELACIONADOS CON LA COMPENSACION

Los empleados no miran sólo sus compensaciones absolutas sino que miran también a las compensaciones relativas y tienden a estar más motivados si perciben que son remunerados equitativamente por su contribución. Sin embargo, muchas veces se cometen injusticias en las políticas de compensación:

- Cuando se pagan salarios distintos a personas cuyas contribuciones a la empresa son similares

- Cuando se recompensa insuficientemente la labor de una persona

- Cuando se recompensa excesivamente la labor de una persona. Un ejemplo típico de esta clase de injusticias se da cuando se pagan altas comisiones a vendedores, cuyo éxito ha sido posible gracias a los esfuerzos de otras personas de la empresa que contribuyeron directa o indirectamente a mejorar los resultados de las ventas. También los altos ejecutivos suelen recibir remuneraciones y otros privilegios en proporciones excesivas con relación al resto de los trabajadores

Pero los sistemas de compensación no sólo pueden ser injustos por falta de equidad sino por basarse en incentivos individuales, debido a la dificultad de medir adecuadamente la contribución individual de los empleados a los resultados de la empresa. La compensación basada en incentivos individuales, aunque es muy frecuente, no sólo es inconveniente por la frustración que puede causar en los empleados, sino porque además atenta contra el trabajo en equipo y estimula un enfoque de corto plazo. En realidad, los incentivos individuales disminuyen el desempeño, tanto del individuo como de la organización.

Aparte de las ineficiencias e injusticias propias de la mayoría de los sistemas de compensación, al utilizar la compensación como un incentivo económico para mejorar el desempeño del empleado es necesario tener en cuenta que a pesar de que el dinero siempre es una consideración importante en la mente de los empleados, nunca es un sustituto a unas buenas relaciones laborales y al reconocimiento no monetario del trabajo realizado. Por otra parte, no importa cuánto se le pague a una persona si esta es objeto de abuso o mal trato, se le exigen sacrificios que no son compartidos por otros y es forzada a pagar por los errores estratégicos cometidos por los altos ejecutivos, como lamentablemente ocurre en muchas organizaciones.

B. Otros beneficios

Además de la compensación salarial, las empresas pueden ofrecer otros tipos de beneficios y servicios a sus empleados para mejorar su calidad de vida y su satisfacción dentro de la empresa. El costo de estos beneficios, sin embargo, es motivo de preocupación para la mayoría de las empresas y para los gerentes de recursos humanos en todo el mundo.

En los Estados Unidos, las leyes federales y estadales exigen a las empresas su contribución a los siguientes beneficios a sus trabajadores:

- Seguridad social (Social Security) y asistencia médica (Medicare)

- Seguro de desempleo

- Compensación a los trabajadores lesionados en el trabajo

- Seguro de incapacidad (algunos estados)

Otros beneficios que otorgan muchas empresas son los siguientes:

- Pago de días festivos

- Vacaciones

- Permiso remunerado por enfermedad del trabajador (6 a 12 días al año)

- Seguro médico

- Seguro de vida

Entre los beneficios y servicios opcionales más usuales están:

- Los programas de entrenamiento y mejoramiento continuo, incluyendo el pago de los estudios en una universidad acreditada

- El pago total o parcial del transporte hacia y desde el lugar de trabajo

- Beneficios adicionales de salud (medicamentos, seguro dental, etc.)

- Pago remunerado de días libres (adicionales a las vacaciones)

- Las facilidades o el pago de estacionamiento para vehículos personales

- Servicio de cafetería y comida a precios subsidiados

- Programas culturales y recreacionales

- Planes de vivienda

- Opciones de acciones de la empresa

- Planes de retiro

Los costos de los beneficios de salud, bienestar y retiro de los empleados figuran generalmente entre los de mayor atención por parte de los gerentes de recursos humanos. También es necesario tomar en cuenta el impacto que puede tener en los costos de la empresa el no prever con la debida antelación las consecuencias laborales, impositivas y previsionales relacionadas con el personal contratado o la prestación de determinados servicios por terceros.

SEGURIDAD Y SALUD EN EL AMBIENTE DE TRABAJO

Los convenios internacionales y las leyes de muchos países obligan al establecimiento de servicios básicos de salud ocupacional, definidos como servicios preventivos, asesoramiento del empleador, trabajador y sus representantes sobre los requisitos necesarios para establecer y conservar un medio ambiente de trabajo seguro y saludable, que favorezca una salud física y mental óptima en relación con el trabajo y de la adaptación de éste a las capacidades de los trabajadores, teniendo en cuenta su estado de salud física y mental.

Los servicios de salud en el trabajo deben tener como meta el poder aportar a los trabajadores las herramientas y los recursos necesarios para crear, mantener y mejorar el ambiente óptimo en la relación persona-trabajo, garantizando un nivel óptimo de bienestar y salud integral del individuo, dentro del contexto social en el cual se desenvuelve.

Todo servicio básico de salud ocupacional debe ser accesible, estar a disposición de cualquier trabajador o empresa, ser capaz de responder a las solicitudes del interesado, tener capacidad de control de calidad y retroalimentación del proceso y resultado del servicio prestado. Los diferentes recursos y herramientas necesarios deben mantenerse en constante cambio, adaptándose a las exigencias del momento y del lugar donde se apliquen. Se debe procurar que las personas que presten el servicio tengan la habilidad y la capacidad necesarias para la realización del servicio y se mantengan en constante formación sobre cada uno de los temas a tratar.

RELACIONES LABORALES

Las relaciones laborales incluyen la administración y vigilancia del cumplimiento de las políticas y normas establecidas por las leyes y por la propia empresa y la resolución de los conflictos que puedan presentarse entre la empresa y sus trabajadores por incumplimiento de esas disposiciones, por la existencia de un clima organizacional inadecuado o por la aspiración de mayores beneficios.

Generalmente, esas relaciones tienen lugar entre la empresa y cada empleado por separado. Sin embargo, la legislación laboral permite en ciertos casos la formación de sindicatos que agrupen a los trabajadores de una empresa o a todos los trabajadores de un mismo ramo o sector industrial y estos trabajadores tienen el derecho de representar a sus trabajadores afiliados ante la empresa.

La negociación colectiva incluye todas las actividades necesarias para establecer acuerdos o contratos colectivos que regulen las relaciones entre una empresa y los trabajadores de ella afiliados a los sindicatos. Si el sindicato afilia a trabajadores de varias empresas, pertenecientes a un mismo sector industrial, las empresas deben unirse y designar representantes para la negociación, generalmente a través de las cámaras o asociaciones. Los acuerdos a los que lleguen estos representantes serán de obligatorio cumplimiento para todas las empresas del sector. Sin embargo, muchas empresas grandes suelen tener sindicatos internos y deben entonces designar sus propios representantes, los cuales deben ser expertos en negociación colectiva, para discutir y aprobar con los representantes de esos sindicatos los contratos colectivos necesarios.

El producto natural de la negociación colectiva es el contrato colectivo. Este es un resumen escrito de políticas y prácticas, las cuales han acordado las partes en sus negociaciones. En general, los contratos colectivos contienen cláusulas sobre:

- Sueldos y salarios

- Horarios de trabajo

- Beneficios y servicios para los trabajadores

- Seguridad sindical

- Seguridad o prerrogativas para la empresa

- Disciplina

- Quejas y reclamos

- Promoción, despido, recontratación, transferencia

- Término o duración del contrato

La mayoría de los conflictos entre una empresa y sus trabajadores tienen su origen en la falta de comunicación, el incumplimiento de los contratos colectivos o la existencia de un clima organizacional inadecuado. Por ello, la empresa debe asegurarse de mantener sistemas y canales adecuados de comunicación con todos sus trabajadores y con los sindicatos que puedan representar a éstos, vigilar el cumplimiento de los contratos colectivos y asegurarse de evaluar y mejorar continuamente el clima organizacional.

LA FUNCION DE RECURSOS HUMANOS Y LA ESTRATEGIA DEL NEGOCIO

Para alinearse con la estrategia del negocio, la función de Recursos Humanos, es decir, la unidad de la empresa responsable de la gestión de la gente, debe estar orientada al negocio.

Recursos Humanos debe ser un miembro integral de los equipos gerenciales y asegurar que la cultura de la organización evolucione para ajustarse con la estrategia y la visión de la empresa. Sin embargo, la mayoría de los gerentes de línea opina que Recursos Humanos no es un socio estratégico de la empresa y consideran que su mayor utilidad consiste en dar apoyo legal, manejar las relaciones con los sindicatos, establecer y administrar los beneficios y mantener los registros de los empleados.

Para mejorar su contribución a los resultados del negocio, la función de Recursos Humanos necesita:

- Incrementar su eficiencia

- Mejorar el nivel de servicio

- Enfocarse en las actividades centrales de la organización

- Apoyar la transformación organizacional

- Convertir la gestión humana en una competencia clave

- Guiar su actuación por la estrategia del negocio

CAPITULO 3

CAMBIO ORGANIZACIONAL

CAMBIO ORGANIZACIONAL

Cambio es la modificación o alteración de algo. Cambio organizacional, en particular, es la modificación de uno o más de los componentes de una organización o empresa: estrategia, estructura, sistemas, gente, habilidades organizacionales, estilo gerencial, cultura. En cambios de cierta importancia, es muy probable que al modificar uno de esos componentes se deban realizar ajustes en los demás para mantener la armonía necesaria entre ellos.

Es muy importante tener en cuenta, en la mayoría de las empresas, que no basta con fijarse objetivos y metas anuales progresivas y controlar su cumplimiento. Para sobrevivir en un entorno cambiante, una empresa debe cambiar. La razón principal del cambio organizacional es, pues, la de adaptarse o anticiparse a los cambios en el entorno.

Aunque casi todas las empresas en el mundo parecen estar en permanentes procesos de cambio, para responder a las grandes variaciones en el entorno, la verdad es que la mayoría de los esfuerzos de cambio fracasan, son demasiado costosos, demasiado arriesgados o demasiado lentos. Por estas razones, antes de iniciar cualquier proceso de cambio la organización debe estar muy segura de su necesidad y viabilidad. Además, el cambio debe ser adecuadamente planificado.

FACTORES QUE INFLUYEN EN EL CAMBIO ORGANIZACIONAL

El cambio para las empresas, y por consiguiente el cambio en la gerencia moderna, puede provenir de muchas direcciones. Podríamos clasificar esas direcciones en tres grandes áreas: entorno, tecnología y fuerza laboral.

- *El entorno.* El entorno es el ambiente social, económico, político y cultural en el que actúan las empresas. No hay duda de que los cambios en el entorno mundial han sido muy significativos, sobre todo en las últimas dos décadas. El más importante de ellos ha sido el de la globalización. Con la caída de la Unión Soviética, se liberaron las fronteras al comercio internacional y las empresas se dieron cuenta muy pronto de que el mundo entero podía ser su terreno de juego. Como resultado de ello, casi cualquier empresa puede realizar actividades en casi cualquier parte del mundo y, en consecuencia, puede ser amenazada por la competencia de otra desde cualquier región del mundo. Esta nueva realidad plantea muchas oportunidades, pero también muchos riesgos. El mayor reto de la gerencia moderna de cualquier país es, por consiguiente, el cambio de mentalidad que le permita actuar con mayor conocimiento, seguridad y coraje en el ambiente competitivo internacional. También el entorno de los negocios se ha vuelto mucho menos ético, como consecuencia de una mayor avidez por los resultados y las ganancias a corto plazo; por ello, también se impone un difícil cambio en la gerencia moderna para hacerla más responsable socialmente, actuando con mucha mayor integridad. Por otra parte, la incertidumbre y los cambios en el entorno exigen que las empresas sean más innovadoras, como recurso para anticiparse a los cambios y para mantener la competitividad.

- *La tecnología.* La tecnología, sin duda, también ha cambiado de manera significativa, sobre todo en la última década. El computador personal, las redes de información y comunicación y, en particular, Internet, configuran un medio totalmente distinto para la empresa moderna. Aunque las empresas y los gerentes de todo el mundo se han ido acostumbrando rápidamente a este cambio, todavía existe la necesidad en muchas empresas no sólo de estar al día con la nueva tecnología sino de saberla utilizar eficientemente, necesidad aún más apremiante si se toman en cuenta los altos costos de inversión, operación, mantenimiento y actualización que representa la informática para las empresas. Por otra parte, a pesar del indudable aumento de eficiencia y productividad que han generado las nuevas tecnologías, existe el grave riesgo de deshumanización y perdida de contacto personal directo debido al auge del correo electrónico y otras formas de trabajo virtual.

- *La fuerza laboral.* Por último, pero no menos importante, la fuerza laboral también ha cambiado significativamente en las últimas décadas. Los trabajadores son cada vez más jóvenes, mejor formados técnicamente y más exigentes como individuos. Este profundo cambio impone un estilo de gerencia totalmente distinto. En lugar de un estilo de gerencia autoritario se requiere un estilo de gerencia democrático, abierto a la participación y promotor de la iniciativa y la responsabilidad individual. Cada vez se requieren más líderes y menos "jefes", en el sentido tradicional del término.

CLASIFICACION DE LOS PROCESOS DE CAMBIO ORGANIZACIONAL

Los procesos de cambio organizacional se pueden clasificar de acuerdo con distintos criterios:

- *Según el objeto del cambio*

    - Cambio de metas y estrategias de la organización

    - Cambio de personas

    - Cambio de productos y servicios

- Cambio de tecnología

- Cambio de estructura y diseño organizativo

- Cambio de actitudes y conductas (cultura)

• *Según la modalidad del cambio*

- Cambio impuesto o cambio facilitado (desarrollo organizacional)

- Cambio planificado o no planificado

- Cambio radical o incremental

METODOS PARA LLEVAR A CABO EL CAMBIO ORGANIZACIONAL

En general, se pueden distinguir dos métodos para llevar a cabo los procesos de cambio: el cambio impuesto y el cambio facilitado o desarrollo organizacional.

En el cambio impuesto:

- Se busca maximizar el valor para los accionistas

- El cambio se maneja de arriba hacia abajo

- Se hace énfasis en estructura y sistemas

- El proceso se guía por planes y programas

- Se trata de motivar con incentivos financieros

- Los consultores analizan problemas y proponen soluciones

En el cambio facilitado (desarrollo organizacional):

- Se busca desarrollar las capacidades de la organización

- Se estimula la participación de abajo hacia arriba

- Se hace énfasis en modificar comportamientos y actitudes de los empleados (cultura)

- El proceso se basa en experimento y evolución

- Se trata de motivar por compromiso

- Los consultores apoyan a la alta dirección para buscar sus propias soluciones

Aunque algunas veces el cambio debe ser impuesto, por ejemplo para cumplir con nuevas regulaciones oficiales, e incluso en casi todo cambio organizacional importante suele existir cierto grado de imposición, es preferible, en general, que los cambios sean facilitados; es decir, que se promueva y apoye la participación de los empleados en el proceso.

CAMBIO ORGANIZACIONAL PLANIFICADO

El cambio facilitado o planificado, usualmente denominado desarrollo organizacional, es el conjunto de actuaciones dentro de la organización destinadas a aumentar su eficacia. Supone la intervención de consultores o asesores, generalmente externos, también denominados agentes de cambio. La función de estos asesores es, esencialmente, ayudar a la organización a aprender.

Muchas de las ideas sobre desarrollo organizacional que se presentan en este capítulo se deben a los trabajos del profesor Thomas Cummings, de la Universidad del Sur de California, y del profesor Christopher Worley, de la Universidad de Pepperdine.

El cambio organizacional planificado intenta modificar el diseño y los procesos de una organización para hacerla más efectiva y eficiente y consiste de en una serie de actividades que se pueden resumir en las siguientes:

- Entrada y contratación

- Diagnóstico

- Planeación e implementación del cambio

- Evaluación e institucionalización del cambio

ENTRADA Y CONTRATACION

En general, el proceso del desarrollo organizacional, en general, comienza cuando un miembro de una empresa contacta a un profesional o a una firma consultora para que ayude a resolver un problema.

Al ser contactado, el consultor o profesional especialista en desarrollo organizacional debe procurar ayudar a quien ha solicitado sus servicios a definir correctamente el problema y establecer la contraparte relevante dentro de la empresa para acometer la solución del problema en cuestión. Luego, el consultor presentará al cliente una propuesta para ayudarle a resolver el problema. La propuesta debe incluir:

- Definición del problema

- Objetivos del proceso de cambio

- Estrategia de cambio

- Plan de manejo del cambio

- Determinación de responsabilidades

- Presupuesto

Una vez presentada la propuesta, el consultor y el cliente estipularán las expectativas mutuas, negociarán el tiempo y los recursos y sentarán las reglas básicas para colaborar y trabajar juntos, dejando todo esto plasmado en un contrato que regirá las relaciones entre las partes.

DIAGNOSTICO DE LA ORGANIZACION

El diagnóstico es la identificación de la naturaleza del problema de la organización mediante la observación de sus signos y síntomas característicos y la recopilación, análisis y procesamiento de la información relevante disponible.

El diagnóstico debe incluir:

- Entendimiento y validación de problemas y necesidades

- Identificación de resistencias y apoyos

- Clarificación de competencias y compromisos

Existen distintos modelos para llevar a cabo el diagnostico de una organización. Algunos de ellos suponen abarcar tres niveles de análisis: organizacional, de grupo e individual. Para cada nivel, se definen las entradas o necesidades de información, los componentes de diseño y las salidas o productos del análisis. El objetivo del diagnóstico es entonces determinar la eficiencia organizacional, la eficiencia del equipo y la eficiencia individual, respectivamente.

Los principales métodos de obtención de datos para el diagnóstico de la organización son los siguientes:

- Entrevistas personales

- Cuestionarios

- Observación

- Consulta a fuentes secundarias

Las principales técnicas de análisis de los datos recopilados para el diagnóstico de la organización son los siguientes:

- Técnicas cualitativas

- Análisis de contenido

- Análisis del campo de fuerzas

- Técnicas cuantitativas

- Media, desviación estándar y distribución de frecuencias

- Diagramas de dispersión y coeficientes de correlación

- Pruebas diferenciales

Una vez efectuado el diagnóstico de la organización, se puede utilizar uno de estos dos procedimientos para retroalimentar a la organización con la información analizada:

- El consultor realiza un resumen de la información obtenida en los cuestionarios y éste es debatido en un grupo de trabajo de la organización intervenida ("survey feedback")

- La alta dirección de la empresa evalúa sus propios resultados antes de hacer lo mismo a niveles inferiores ("survey- guided development")

DIRECCION Y ADMINISTRACION DEL CAMBIO

Se pueden considerar los siguientes enfoques alternos para administrar el cambio:

- Administración del cambio por medio del poder

- Administración del cambio por medio de la razón

- Administración del cambio por medio de la reeducación

En muchas ocasiones será necesario hacer uso de los tres tipos de enfoques mencionados para lograr los resultados de cambio deseados.

Para facilitar los procesos de cambio, es conveniente hacer uso de alguno de los distintos modelos de administración del cambio disponibles. Quizás el primer modelo de cambio desarrollado es el propuesto poco después de la Segunda Guerra Mundial por Kurt Lewin, un psicólogo germano- norteamericano considerado uno de los pioneros de la psicología social, organizacional y aplicada. El modelo del cambio de Lewin se basa en aumentar las fuerzas que tratan de producir el cambio y disminuir o neutralizar las que tratan de mantener el estado actual. Lewin sugiere tres etapas para este proceso:

- Descongelamiento información sobre la necesidad del cambio y atenuación de las fuerzas que tratan de mantener el estado actual

- Movimiento o cambio: intervención en la organización para producir el cambio

- Recongelamiento: estabilización de la organización en otro nivel de equilibrio

Un modelo más reciente, propuesto por el profesor John Kotter, de la Universidad de Harvard, sugiere que se sigan los siguientes pasos al transformar una organización:

1. Establecer un sentido de urgencia de la necesidad del cambio

2. Formar una poderosa coalición conductora

3. Crear una visión

4. Comunicar esa visión

5. Facultar a otros para actuar de acuerdo con esa visión y remover los obstáculos al proceso de cambio

6. Planificar y crear victorias de corto plazo en la dirección deseada

7. Consolidar las mejoras y generar más cambios

8. Institucionalizar los cambios en la cultura de la organización

Es interesante observar que ambos modelos tienen un alto grado de carácter político. Sus autores no utilizaron ninguna referencia a la política al presentar y divulgar sus modelos de cambio, pero reconocen la existencia de fuerzas opuestas dentro de las organizaciones y, en el caso del modelo propuesto por Kotter, se describe con mucha precisión el proceso que suele llevar a cabo un líder político cuando desea promover un cambio en su país o comunidad.

Los procesos importantes de cambio deben ser dirigidos por la máxima autoridad ejecutiva de la organización y sobre este individuo generalmente recae la responsabilidad del éxito del proceso. La experiencia de líderes exitosos de procesos de cambio organizacional sugiere que estos deben:

- Relacionar el cambio con la misión y los valores de la organización

- Invertir mucho en la construcción de habilidades

- Aprovechar la presión de los colegas (procurar que unos influencien a otros)

- Crear apoyo social (procurar que los lideres sean instructores)

- Alinear recompensas y asegurar la rendición de cuentas

- Cambiar el ambiente (cambiar los procesos, la estructura, etc.)

Los líderes del cambio deben dar el ejemplo y actuar con mucha persistencia para poder lograr el objetivo propuesto.

RESISTENCIA AL CAMBIO

Posiblemente en los procesos de cambio es cuando se manifiestan con mayor intensidad las diferencias individuales. Las personas reaccionan de manera diferente ante los cambios y muchas veces los cambios no son fáciles de asimilar para ellas. Ante un cambio determinado, algunos los aceptan o se muestran indiferentes, pero otros se resisten de manera activa o pasiva.

En casi todos los procesos de cambio se manifiesta una resistencia de por lo menos una parte de la organización. Muchas veces esta resistencia se debe a la falta de conocimiento sobre la necesidad y propósito del cambio, a la falta de participación en el proceso, al temor sobre las consecuencias del cambio o a una combinación de estos factores.

Para superar la resistencia al cambio, el profesor Kotter, ya mencionado, sugiere que se debe:

- Educar y comunicar (acerca del cambio)

- Participar e involucrar

- Facilitar y apoyar

- Negociar y acordar

- Manipular y cooptar (dar a un individuo un papel atractivo en el proceso de cambio)

- Coaccionar (de manera explícita o implícita)

En los procesos de cambio debe tomarse muy en cuenta la cultura de la organización. La cultura es el conjunto de creencias que las personas de la organización han inventado, descubierto o desarrollado. La cultura se basa en un proceso social de aprendizaje y no puede ser cambiada sin crear mucha ansiedad en la organización. El proceso de cambio debe prever el esfuerzo de adaptación que la organización necesita para asimilar un cambio cultural.

La influencia de la cultura en los procesos de cambio hace particularmente difíciles los cambios en las empresas globales. Las intervenciones que funcionan en un país pueden no funcionar en otros. Para evitar el fracaso en estos esfuerzos de cambio, la diversidad cultural debe ser tomada en cuenta y debe permitirse que en los distintos países el proceso de cambio se lleve a cabo respetando la especificidad cultural de cada uno de ellos y, en la medida de lo posible, que el cambio deseado sea compatible con todas esas diferentes culturas.

INTERVENCIONES DE DESARROLLO ORGANIZACIONAL

Las intervenciones del desarrollo organizacional son el conjunto de acciones que se realizan en distintas áreas de la empresa con el objeto de ayudar a mejorar su desempeño y eficiencia.

El diseño de las intervenciones supone:

- Determinar el grado de opción que tiene la empresa respecto del cambio

- Determinar qué es lo que se necesita cambiar

- Determinar donde el consultor o agente del cambio debe comenzar a intervenir

- Realizar una elección de tecnologías y metodologías de intervención

Para que las intervenciones y los programas de cambio planeados sean efectivos, los empleados deben haber sido convencidos previamente de la necesidad del cambio.

Los empleados participarán más activamente en los procesos de cambio si:

- Entienden y comparten las razones del cambio

- Están capacitados para aprender nuevas formas de actuar y trabajar

- Están involucrados en proyectos de cambio

- Sienten que sus necesidades están satisfechas, tienen confianza en la empresa y están contentos con su trabajo

Las intervenciones se pueden clasificar según su objeto en:

- Intervenciones en el proceso humano (coaching, capacitación y desarrollo)

- Intervenciones en la estructura y los procesos de trabajo (diseño estructural, reestructuración, reingeniería)

- Intervenciones en la administración de recursos humanos (administración del desempeño, desarrollo y ayuda a los empleados)

- Intervenciones estratégicas (cambio estratégico, fusiones y adquisiciones, alianzas)

Las intervenciones de desarrollo organizacional suelen concentrarse en la gente, es decir, en los procesos humanos y en la administración de recursos humanos.

INTERVENCIONES EN LOS PROCESOS HUMANOS

Los programas de cambio pueden aplicarse a:

- Los individuos

- Las relaciones interpersonales

- La dinámica de grupos

Los enfoques individuales pueden incluir:

- Coaching: asesoramiento para facilitar el aprendizaje individual

- Capacitación y desarrollo: métodos escolares tradicionales; capacitación en el trabajo

Los enfoques interpersonales y grupales pueden incluir:

- Consultoría de procesos

- Intervenciones de terceros (para el manejo y resolución de conflictos)

- Formación de equipos de trabajo

A nivel organizacional, se puede también hacer uso de los siguientes enfoques para mejorar el desempeño y las relaciones laborales:

- Grupos de trabajo (para resolver problemas)

- Intervención intergrupal (para mejorar relaciones entre grupos o departamentos)

- Intervención en grupos grandes (para presentar una visión nueva o resolver problemas más urgentes)

INTERVENCION EN LA ADMINISTRACION DE RECURSOS HUMANOS

Aunque en procesos de cambio importantes pueden ocurrir intervenciones en todas las fases del proceso de administración de recursos humanos, las más frecuentes suelen ser las intervenciones en la administración del desempeño y la capacitación y desarrollo de los empleados.

La intervención en la administración del desempeño tiene por objeto mejorar la eficiencia de este proceso y alinearlo con los objetivos del cambio, procurando que:

- Los directivos y los empleados trabajen juntos para definir metas específicas y medibles

- Se establezca un buen sistema de retroalimentación que comprueba si se alcanzaron las metas)

- Se definan incentivos para mejorar el desempeño del empleado y del grupo de trabajo

La capacitación y el desarrollo de los empleados supone ayudarlos a aprender para que realicen mejor su trabajo, desarrollen sus capacidades potenciales y sean agentes de cambio. Este proceso incluye:

- Planeación de la carrera

- Desarrollo de carrera

- Administración de la diversidad

- Intervención en el estrés y en el bienestar de los empleados

EVALUACION DEL CAMBIO

La evaluación del cambio es el conjunto de actividades realizadas para determinar si los objetivos del proceso de cambio se están logrando.

Las evaluaciones pueden realizarse durante la intervención, inmediatamente después de concluida ésta o un tiempo después.

INSTITUCIONALIZACION DEL CAMBIO

El cambio es permanente cuando llega a ser institucional; es decir, cuando forma parte de la cultura y de la manera como se hacen las cosas en una organización.

Para institucionalizar el cambio es necesario:

- Mostrar a la gente la forma en la que los nuevos enfoques, conductas y actitudes han ayudado a mejorar el desempeño

- Dar tiempo suficiente para asegurar que la nueva generación de altos directivos que sigue a la actual personifique el nuevo enfoque

INNOVACION

Muchas empresas desean ser innovadoras; es decir, ser capaces de introducir cambios significativos en el mercado. Pero para ser innovadoras deben comenzar por realizar cambios importantes dentro de ellas mismas, en sus componentes y, sobre todo, en su cultura.

La capacidad de innovación de una empresa depende de la existencia dentro de ella de:

- Recursos y competencias suficientes para innovar

- Orientación al mercado

- Liderazgo efectivo

- Libre intercambio de ideas

- Ambiente favorable al cambio

- Proyectos de investigación y desarrollo

Los estudios sobre la innovación han demostrado que:

- Creatividad e innovación son diferentes, aunque complementarias. La creatividad se refiere a la generación de ideas y la innovación se refiere a la transformación de esas ideas en nuevos productos, servicios o mercados

- La innovación es un proceso lento. La innovación no nace de la prisa, nace del esfuerzo, de la constancia, del método, de la dedicación, de cierta dosis de paciencia y, sobre todo, del intercambio

- La innovación es tarea de toda la empresa. La innovación no puede ser sólo una tarea de equipos de investigación y desarrollo, sino que debe abarcar a la gerencia y a todos los demás miembros de la organización en un ambiente donde se promueva la imaginación y la iniciativa

- No es fácil medir la innovación. La medida más común es la del porcentaje de las ventas generado por nuevos productos, pero esta medida refleja sólo un aspecto de la innovación en la empresa

- La innovación tiene efectos muy positivos en la empresa. La innovación favorece la competitividad, el crecimiento y la participación de mercado, el desempeño financiero y la supervivencia de la empresa

CAPITULO 4

DESARROLLO DE LIDERAZGO

CONCEPTO DE LIDERAZGO

Si vamos al diccionario, liderazgo se suele definir como una situación de superioridad en que se halla una persona dentro de su ámbito; por ejemplo, un director ejecutivo dentro de una empresa. Sin embargo, la idea que tenemos actualmente de liderazgo no se corresponde exactamente con una posición o cargo determinado. Una persona que ocupa un cargo determinado puede no tener liderazgo y, por el contrario, una persona que no ocupa el cargo máximo en una organización puede ser el líder más importante dentro de ella.

El liderazgo puede ser mejor entendido como el proceso de influencia de un líder sobre sus seguidores para lograr un cambio. Veamos los componentes de esta definición:

- El liderazgo es una relación entre un líder y sus seguidores. "Un líder es alguien que tiene seguidores", afirmó Peter Drucker, un consultor y autor de libros de gerencia muy conocido del siglo pasado. En efecto, no puede concebirse un líder sin la existencia de seguidores.

- La relación entre el líder y sus seguidores es una relación de influencia. El verdadero líder es seguido voluntariamente por sus seguidores. Por consiguiente, la relación entre un líder y sus seguidores no es una relación de autoridad o de subordinación, sino de influencia o de ascendencia. Muchas veces los seguidores también influyen en el líder, pero en general es el líder el que ejerce un mayor grado de influencia en la relación.

• El liderazgo tiene el propósito de lograr un cambio. Un líder tiene seguidores porque están todos interesados en modificar o mejorar la situación en la que se encuentran y hace falta un guía que conduzca el proceso de cambio necesario. De lo contrario, esos seguidores no necesitarían de un líder.

DISTINCION ENTRE LIDERAZGO Y GERENCIA

Una cuestión importante a tener en cuenta con respecto al concepto de liderazgo es la de su diferencia con el concepto de gerencia. Algunos autores, entre ellos el profesor John Kotter, de la Universidad de Harvard, piensan que la gerencia tiene que ver con la administración y el mantenimiento del orden en una empresa, mientras que el liderazgo tiene que ver con enfrentar el cambio. El gerente planifica, elabora y administra un presupuesto, organiza y asigna al personal, controla y resuelve problemas, mientras que el líder establece una dirección, alinea y motiva a la gente.

Esta distinción, aunque correcta, puede dar lugar a confusión. Podría entenderse que una empresa necesita un conjunto de líderes en los niveles altos de la jerarquía y otro conjunto de gerentes en los niveles medios de la jerarquía, realizando funciones distintas. Realmente, aunque el liderazgo y la gerencia sean funciones distintas, líderes y gerentes no deben ser dos tipos de personas diferentes. En efecto, la estrategia no se puede separar de la ejecución. Todos los gerentes de la organización, e incluso todos o casi todos los empleados, deben ser también líderes; es decir, deben participar en la formación de estrategia y deben poseer la capacidad de influir sobre otros para que las cosas correctas se hagan.

Los gerentes no pueden ser exitosos sin ser buenos líderes, y los líderes no pueden ser exitosos sin ser buenos gerentes. Por supuesto, las exigencias de liderazgo deben ser mayores para los altos ejecutivos.

FALTA DE LIDERAZGO

A pesar de la importancia del liderazgo en toda organización, particularmente en sus niveles más altos, es frecuente observar su ausencia o debilidad. Una manifestación frecuente de la falta de liderazgo es el ejercicio equivocado de la autoridad por parte de muchos gerentes, tratando de hacer uso de su autoridad formal sin buscar ganarse el respeto de la gente, sin acciones, sin modelaje y sin logros. Los gerentes que actúan así, que suelen ser mayoría, más bien lo que logran es la resistencia de los subordinados. De allí el extraordinario interés que se observa en la actualidad por entender la naturaleza del liderazgo y encontrar la forma de desarrollar los líderes que necesitan las organizaciones.

ROL DEL LIDER

Como hemos mencionado, el rol o misión del líder es impulsar y lograr el cambio deseado por él y sus seguidores.

Para poder realizar con efectividad su misión, los líderes deben:

- Interpretar la situación en que se encuentran y visualizar la dirección del cambio necesario

- Asumir la responsabilidad de guiar a sus seguidores en los procesos de cambio

- Crear una cultura favorable al cambio

- Responder a la realidad del ambiente diverso que caracteriza a las organizaciones modernas

- Actuar como mentores y facilitadores de las personas en los procesos de cambio

Los líderes tienen que aprender a crear un entorno que adopte el cambio, no como una amenaza sino como una oportunidad. Esa será la única manera de dirigir una organización en un mundo turbulento.

Al liderar un cambio mayor, es importante que los líderes reconozcan que el proceso de cambio debe desarrollarse en etapas, que cada etapa es importante y que cada una puede requerir una cantidad significativa de tiempo. Los líderes son responsables de guiar a los empleados y a la organización a través del proceso de cambio.

LIDERAZGO TRANSFORMACIONAL

Aunque, como lo hemos definido, todo liderazgo está relacionado con el cambio, los términos *liderazgo estratégico* y *liderazgo transformacional* han sido propuestos para identificar con mayor precisión el liderazgo del cambio. De estos dos términos, el de liderazgo transformacional es el que actualmente goza de mayor aceptación. Por liderazgo transformacional se entiende la capacidad de un líder de provocar cambios significativos tanto en sus seguidores como en la organización.

Un concepto que suele relacionarse con el liderazgo transformacional es el de *liderazgo carismático*. El liderazgo carismático ha sido definido como un tipo de liderazgo en el que el líder genera entusiasmo, transforma y motiva a sus seguidores mediante la inspiración, el ejemplo, el estímulo intelectual y la consideración individual.

Los proponentes del concepto de liderazgo transformacional han incluido el carisma o liderazgo carismático como una característica o componente fundamental del liderazgo transformacional. Para estos autores, la capacidad de un líder para provocar cambios significativos en sus seguidores depende de su habilidad para entusiasmarlos, inspirarlos y motivarlos. Sin embargo, no todos están de acuerdo con esta idea y se manifiestan contrarios a la importancia del carisma en el liderazgo transformacional. El carisma puede ser utilizado, y de hecho lo ha sido -el caso de Adolfo Hitler es puesto como ejemplo significativo-, para manipular a los seguidores. Por esta razón, algunos piensan que la confianza y no el carisma es lo que debe prevalecer en la relación entre el líder y los seguidores.

TEORIAS DE LIDERAZGO

Los principales paradigmas tradicionales de la teoría de liderazgo son los siguientes:

- Teorías de los rasgos: intentan explicar las características personales de los líderes efectivos

- Teorías del comportamiento: tratan de entender qué hacen los líderes en su puesto

- Teorías de contingencia: tratan de determinar qué estilo de liderazgo es el más adecuado, basadas en el líder, los seguidores y la situación

Recientemente han surgido nuevos enfoques o teorías, que se interesan más en la relación del líder con los seguidores que en el líder mismo. Entre estos enfoques destaca el de liderazgo transformacional, que ya hemos comentado.

TEORIAS DE LOS RASGOS DEL LIDERAZGO

Las teorías de los rasgos de liderazgo intentan explicar las características distintivas que explican la eficacia en el liderazgo. Los rasgos propuestos se pueden clasificar en los siguientes grupos:

- *Rasgos de personalidad:* extroversión; estabilidad emocional; ganas de ser un líder; energía; confianza en sí mismo; inteligencia

- *Rasgos de humanidad:* afabilidad; sensibilidad hacia los demás

- *Rasgos de comportamiento:* visión; apertura a la experiencia; disposición a asumir la responsabilidad; integridad; flexibilidad

Los distintos autores que han tratado el tema de liderazgo no están de acuerdo sobre cuáles son los rasgos o atributos más importantes de un líder, aunque la visión, la inteligencia emocional y social y los valores parecen destacar entre estos rasgos:

- *Visión.* La visión es considerada generalmente el principal atributo de un líder. El líder debe ser capaz de imaginar una situación deseada y expresar con claridad esa visión. Debe vivir ese sueño o visión y transformarla en algo real para una organización

- *Inteligencia emocional.* El líder debe poseer un alto grado de "inteligencia emocional" o capacidad de manejar las emociones. Los líderes exitosos muestran: profunda simpatía y empatía, lo que es una identificación intelectual o emocional con otro; entendimiento o afecto mutuo; habilidad para compartir las ideas y emociones de otro; preocupación o interés en los demás

- *Valores.* Además de visión y capacidad para manejar las emociones y las relaciones con otras personas, los líderes deben poseer valores. Los valores, son las creencias fundamentales que un individuo considera que son importantes. Los valores superiores son la justicia, la equidad, el respeto, la integridad y el coraje. El coraje, en particular, ha sido reconocido como un valor fundamental para el liderazgo moral. El coraje implica: aceptar la responsabilidad; mostrar inconformidad y asumir riesgos; solicitar lo que uno quiere y decir lo que uno piensa; y pelear por lo que uno cree

A estos atributos suelen agregarse muchos otros, lo que hace que sea muy difícil ser líder, y quizás lo sea a juzgar por la escasez de líderes a la que frecuentemente se hace referencia en todos los ámbitos. Pero es necesario advertir que ningún líder es perfecto. Ningún líder debe pretender ser prefecto, sino concentrarse en aprovechar sus fortalezas y lograr que otros suplan sus debilidades o limitaciones.

Las teorías de los rasgos de liderazgo han perdido vigencia en la medida que se ha comprobado que muchos líderes no poseen todos los rasgos que supuestamente deben poseer y, sobre todo, que muchas personas que no son líderes si los poseen. Por ejemplo, muchas personas poseen inteligencia emocional y social o practican valores fundamentales y, sin embargo, no son líderes. También se da el caso de personas con sentido de visión y que tampoco son líderes. Aunque ciertos rasgos personales y habilidades indican una mayor probabilidad de éxito en un rol de liderazgo, estos no son suficientes por si mismos para garantizar un liderazgo efectivo.

TEORIAS DE COMPORTAMIENTO DE LIDERAZGO

En lugar de mirar los rasgos personales de un líder, las teorías de comportamiento de liderazgo tratan de entender que hace un líder. En particular, intentan describir los comportamientos que distinguen a los líderes efectivos.

El comportamiento apropiado de un líder, según la mayoría de estas teorías, debe incluir:

- *Motivar.* La motivación de los demás comienza por la motivación del líder mismo. El líder debe ser capaz de despertar entusiasmo en la gente, para que la motivación y el desempeño de ésta mejoren notablemente.

- *Facultar.* El comportamiento del líder, precisamente para motivar a sus seguidores, debe basarse, además del ejemplo, en el facultamiento u otorgamiento de poder ("empowerment").

- *Crear un buen ambiente de trabajo.* La labor del líder, más que controlar el trabajo de otros, es promover un ambiente de trabajo motivador y esta tarea incluye: establecimiento de expectativas claras de desempeño; eliminación de obstáculos para el desempeño; y utilización de recompensas y disciplina en forma apropiada.

Las teorías de comportamiento han recibido una crítica similar a la de las teorías de los rasgos de liderazgo. Es decir, algunos líderes adoptan algunos de los comportamientos que se consideran apropiados para un buen líder y otros no, sin dejar de ser efectivos como líderes. Por otra parte, algunas personas adoptan comportamientos que los deberían convertir en líderes, según las teorías de comportamiento, pero eso no ocurre de esa manera; es posible que esas formas de comportamiento hagan que sean considerados buenas personas e incluso buenos gerentes o supervisores, pero no necesariamente líderes.

TEORIAS DE LIDERAZGO POR CONTINGENCIA

El enfoque de contingencia, que podría considerarse como una variante del enfoque de comportamiento, se basa en que el estilo de liderazgo más apropiado depende de las circunstancias.

Las teorías de liderazgo por contingencia tratan de determinar qué estilo de liderazgo es el más adecuado, de acuerdo con las características del líder, los seguidores y la situación.

El estilo es el modo o forma característica de actuar o de ser. En general, se distinguen cuatro estilos de liderazgo:

- *Directivo o autocrático:* el líder ejerce su autoridad sobre los seguidores

- *Apoyo:* el líder proporciona consejo y orientación a los seguidores

- *Participativo o democrático:* el líder promueve la participación de los seguidores en la toma de decisiones

- *Orientado a los logros:* el líder establece metas y espera que los seguidores se esfuercen por alcanzarlas

Se han propuesto otros criterios para clasificar los estilos de liderazgo. Por ejemplo, liderazgo centrado en la tarea o liderazgo centrado en la relación con la gente involucrada.

Las teorías de liderazgo por contingencia se basan en el concepto de liderazgo situacional. El liderazgo situacional, a su vez, se basa en la convicción de que el estilo de liderazgo más adecuado depende de la situación. Este enfoque supone que ninguno de los estilos de liderazgo es el mejor en cualquier circunstancia.

Entre los principales modelos situacionales de liderazgo que han sido propuestos, destacan los siguientes:

- Modelo de liderazgo de contingencia de Fiedler. Afirma que el desempeño de los grupos depende de la interacción entre el estilo del liderazgo y la naturaleza de la situación. Se basa en definir cuando un estilo orientado a la tarea o uno orientado a la relación es más apropiado de acuerdo con la situación

- Modelo de Vroom- Yettom- Jago. Ningún estilo de liderazgo por si solo es apropiado; el líder tiene que ser lo suficientemente flexible para cambiar de estilos de liderazgo (autocráticos, consultivos y participativos) y ajustarse a situaciones especificas

- Modelo de liderazgo camino- meta de House. Según este modelo, los líderes son eficientes si logran motivar a sus seguidores y mejorar su capacidad de ejecución. La teoría se denomina camino- meta porque se concentra en la forma en que el líder influye en la percepción que tienen los seguidores de las metas de trabajo y de desarrollo personal y en las rutas para alcanzarlas. La forma de comportamiento del líder depende, en este caso, de las características personales de los miembros del grupo y del ambiente de trabajo

- Modelo de liderazgo situacional de Hersey- Blanchard. El líder debe aplicar el estilo de liderazgo que convenga al nivel de madurez de sus seguidores.

Las teorías de liderazgo por contingencia también han sido objeto de fuertes críticas. Algunos autores afirman que el estilo está asociado con la personalidad de un individuo y dado que ésta es relativamente estable no es fácil cambiar de estilo de liderazgo. Otros incluso piensan que el estilo gerencial es un aspecto de forma y, por consiguiente, no es tan importante; lo verdaderamente relevante es la competencia del líder para realizar su misión.

En lugar de proponer que un líder cambie de estilo de acuerdo con la situación, como lo hace el liderazgo situacional, los críticos de este enfoque opinan que es preferible buscar el líder más apropiado para cada situación. Esto es posiblemente lo que ha ocurrido, a la lo largo de la historia, en los distintos campos de actividad humana. Churchill, por ejemplo, fue un líder muy apropiado para dirigir la resistencia de Inglaterra y de sus aliados durante la Segunda Guerra Mundial, pero no fue considerado por el pueblo británico el líder más adecuado una vez terminada la guerra.

COMPETENCIAS DE LIDERAZGO

Desde el punto de vista del desarrollo de futuros líderes, el enfoque de competencias parece más útil que los enfoques o teorías de rasgos, comportamiento y contingencia. Se puede decir incluso que el enfoque de competencias permite integrar las diferentes teorías de liderazgo.

Las competencias de liderazgo son las aptitudes o idoneidad de una persona para ser un líder efectivo. Una revisión de la literatura sobre liderazgo, incluyendo la correspondiente a las teorías de liderazgo, permite establecer que las principales competencias que debe poseer un líder son las siguientes:

- *Vocación de servicio*. El verdadero líder no debe buscar su fama o prestigio sino el éxito de sus seguidores.

- *Pensamiento estratégico*. Para realizar su misión, el líder debe ser capaz de formular e implementar la estrategia necesaria.

- *Experiencia y conocimientos*. El líder debe poseer la experiencia y los conocimientos necesarios para realizar su misión e inspirar confianza en sus seguidores.

- *Capacidad de adquirir y utilizar el poder*. El líder debe saber cómo adquirir y utilizar el poder para cumplir con su misión.

- *Capacidad de actuar de acuerdo con la situación*. El líder debe saber interpretar la situación y actuar de la manera más conveniente.

- *Rasgos de personalidad*. El líder debe poseer ciertos rasgos de personalidad que pueden facilitarle cumplir con su misión, sobre todo inteligencia, auto estima y coraje.

- *Capacidad de establecer una relación efectiva con sus seguidores*. El líder debe ser capaz de establecer una relación efectiva con sus seguidores para poder causar un impacto o transformación en ellos y realizar así su misión.

- *Manejo adecuado de las emociones*. El manejo adecuado de las emociones es necesario para cualquier persona, pero mucho más para un líder.

LIDERAZGO DE ORGANIZACIONES

El líder de una organización es aquel que comunica sus ideas dentro de la organización y gana aceptación para ellas por parte de los miembros de esa organización, convirtiéndolos en sus seguidores y motivándolos a respaldar e implementar las ideas por medio del cambio.

Para ser líder de una organización es necesario tener poder dentro de ella: poder formal, poder personal o preferiblemente ambos. El que espera ser líder de una organización, debe realizar las acciones necesarias para ganar y utilizar poder con la finalidad de obtener los resultados que desea para la organización.

LIDERAZGO DE ORGANIZACIONES GLOBALES

Las nuevas realidades del mundo actual exigen que el líder de organizaciones globales, además de poseer competencias generales de liderazgo, posea también las siguientes competencias o aptitudes:

- *Capacidad de manejo de la complejidad*. El mundo de hoy, particularmente en lo que se refiere a la actividad de las empresas globales, es difícil y complicado, debido a que está formado de un gran número de elementos que, debido a la globalización entre otros factores, se entrelazan e interactúan entre ellos. El líder de organizaciones globales debe ser capaz de entender esa complejidad y actuar eficientemente dentro de ella.

- *Competencia transcultural*. La competencia más importante que debe poseer un líder de una organización global es la competencia de relación; es decir, su habilidad para desarrollar relaciones con personas de diferentes culturas. Los líderes de las organizaciones globales enfrentan una serie de dilemas o paradojas, generalmente debidas a la necesidad de establecer reglas de aplicación universal, pero a la vez tratar cada cultura como un caso especial de la diversidad. La competencia transcultural ha sido definida como la capacidad de integrar valores aparentemente opuestos.

- *Capacidad de dirigir equipos virtuales*. El trabajo moderno, sobre todo en las organizaciones globales, se realiza en gran medida con base en equipos virtuales y el líder de estas organizaciones debe ser capaz de dirigirlos adecuadamente. El uso adecuado de la tecnología para la comunicación y el seguimiento del progreso del equipo son factores claves para el éxito de los líderes virtuales, en refuerzo de factores propios del liderazgo convencional de equipos.

RELACIONES ENTRE EL LIDER Y LOS SEGUIDORES

El liderazgo, como lo hemos definido, es una relación voluntaria entre los seguidores y el líder. El liderazgo no es un fenómeno exclusivamente individual. El liderazgo es imposible sin los seguidores. Ningún cambio puede ocurrir sin seguidores motivados y comprometidos.

Para forjar una buena relación con sus seguidores, los líderes deben:

- Reconocer y apreciar el trabajo de sus seguidores

- Recordar a la gente lo que es importante

- Generar y mantener confianza

- Forjar alianzas íntimas con sus seguidores

La esencia del liderazgo está en la *confianza*, ya que es imposible liderar a las personas que no confían en uno. La única manera de ejercer liderazgo es mediante la autoridad informal, es decir, convenciendo.

La visión del líder debe ser compartida por sus seguidores. La visión compartida genera confianza entre los seguidores, estimula a la gente a tratar de hacer realidad esa visión y crea un ambiente de trabajo en el que las decisiones se toman con mayor facilidad y rapidez debido a que resulta claro para cada persona cómo cada decisión encaja en la visión global.

La relación entre el líder y los seguidores es una relación de influencia y para que esta influencia se logre, de acuerdo con Robert B. Cialdini, profesor de la Universidad Estadal de Arizona, es necesario que el líder:

- Haga que sus seguidores lo vean como a un amigo, mostrándose similar a ellos y hablando bien de ellos.

- Se interese en sus seguidores y trate de favorecerlos. Los seguidores se sentirán entonces obligados a devolverle esos favores.

- Muestre a sus seguidores cual es el comportamiento que deben seguir y les haga ver a todos que ese es el comportamiento que sigue la mayoría.

- Procure que sus seguidores se comprometan con él o con sus ideas. Una vez que lo hagan, los seguidores trataran de ser consistentes con su compromiso.

- Enseñe a sus seguidores que él está al mando, que tiene la información y tiene el poder.

- Convenza a sus seguidores de que siguiéndolo a él tendrán más de lo que más carecen.

Muy pocas veces la relación entre los seguidores y el líder es permanente. Generalmente esa relación es circunstancial; es decir, depende de que existan circunstancias que favorezcan esa relación. En particular, las organizaciones no siempre tienen el mismo líder. La responsabilidad del liderazgo a menudo se turna y se comparte ampliamente conforme las organizaciones se desarrollan en el tiempo. Además, todos los líderes son algunas veces seguidores también.

Por más que un líder se esfuerce en tratar a todos sus seguidores por igual, es muy poco probable que lo logre. La teoría diádica es un enfoque del liderazgo que intenta explicar por qué los líderes varían su comportamiento con los distintos seguidores. En general, esta teoría considera que los líderes suelen dividir a sus seguidores en incluidos (cercanos al líder) y excluidos (distantes de él). Esta distinción entre incluidos y excluidos depende de muchos factores, entre ellos el tamaño y distribución geográfica del grupo de seguidores, las características del líder y la conducta de los seguidores. La tecnología moderna (televisión, Internet, redes sociales, etc.) facilita el contacto del líder con sus seguidores, incluso a grandes distancias, lo que puede permitir que muchos seguidores se sientan "incluidos"; sin embargo, esos medios no son un reemplazo efectivo del contacto personal que permite generar mayor confianza en la relación entre el líder y los seguidores.

DESARROLLO DE LOS SEGUIDORES

El líder de una organización debe ser un líder de líderes, por lo que su trabajo principal es ayudar activamente a sus seguidores a alcanzar su máximo potencial de liderazgo. El líder debe rodearse de buena gente, ayudarlos a aprender y estimular su crecimiento y desarrollo.

El líder tiene el deber y la necesidad de procurar el desarrollo de sus seguidores. El desarrollo de otras personas supone la disposición genuina y continua por fomentar el aprendizaje y el desarrollo de competencias de esas personas.

Para ayudar a desarrollar a sus seguidores, el líder debe poseer y fortalecer sus habilidades de:

- Comunicación

- Asesoramiento personal (coaching)

- Manejo de conflictos

A. Comunicación

El liderazgo supone una comunicación interpersonal efectiva y ésta se basa no en saber hablar o saber escribir, a pesar de su importancia, sino en saber escuchar, buscar primero entender y luego ser entendido.

El líder debe practicar la "comunicación de apoyo", entendiendo por ella la comunicación que busca preservar una relación positiva con las personas en el momento en que se están comunicando.

El líder debe hacer uso de la retroalimentación ("feedback"), para ayudar a las personas y a la organización a aprender y mejorar. También debe crear las condiciones para una comunicación abierta; es decir, para que todo tipo de información se comparta en la organización, especialmente a través de las fronteras funcionales y jerárquicas.

Las habilidades de comunicación de un líder son especialmente importantes durante tiempos de cambio rápido, incertidumbre o crisis. En momentos de crisis es muy importante que los lideres:

- Mantengan la calma y agudicen sus capacidades de escuchar

- Estén visibles

- Digan la verdad

- Comuniquen una visión para el futuro

En su relación con otras personas, el líder debe estar en capacidad de servir de modelo a la persona que espera convertir en su seguidor. Esta relación implica generalmente el asesoramiento personal de los seguidores, es decir la comunicación interpersonal empleada por los líderes para transmitir consejo e información y establecer estándares hacia los seguidores.

B. Asesoramiento personal (coaching)

El asesoramiento personal no necesariamente consiste en enseñar a otra persona. Muchas veces, se requiere simplemente ayudarla a reconocer y utilizar sus propias cualidades. Es decir, ayudarla a ser su propio líder.

C. Manejo de conflictos

Las relaciones interpersonales muchas veces conducen a la existencia de conflictos. Es deber de un líder manejar adecuadamente los conflictos entre sus seguidores y sus propios conflictos con sus seguidores y con otros líderes.

LIDERAZGO DE EQUIPOS

El líder de equipos debe ser un entrenador. Su capacidad está en apalancar y realzar el trabajo del equipo. El trabajo de equipo supone que cada individuo del equipo se concentre en el propósito común y que se mantenga en el equipo un clima de confianza, respeto, comunicación abierta y cooperación.

A. Efectividad de los equipos

El líder debe procurar la efectividad de un equipo mediante las siguientes acciones:

- Desarrollar la cohesión del equipo, mediante la interacción y el acuerdo sobre una misión y metas compartidas

- Asegurar un balance adecuado entre la tarea a realizar y las necesidades socioemocionales de los miembros del equipo

- Ejercer un impacto personal, mediante: el reconocimiento de la importancia de tener un propósito y valores compartidos; la admisión de sus propios errores; y el apoyo y asesoramiento personal ("coaching") a los miembros del equipo

B. Equipos especiales

Los equipos virtuales y los equipos globales plantean retos especiales de liderazgo y requieren de un buen uso de la tecnología de información para facilitar la participación de los empleados y la capacidad de compartir ampliamente la información.

Otro tipo especial de equipos es el de los equipos auto dirigidos. Estos se caracterizan por ser relativamente autónomos y porque sus miembros comparten o rotan posiciones de liderazgo y se hacen mutuamente responsables por un conjunto de metas de desempeño asignadas por la alta gerencia.

Los equipos auto dirigidos pueden ser muy efectivos, pero se requiere que la alta gerencia designe como miembros a personas capaces de trabajar en equipo sin una supervisión gerencial directa, les asigne metas muy claras y los dote de los recursos necesarios para alcanzarlas.

C. Reuniones efectivas

El trabajo en equipo requiere generalmente de reuniones periódicas con distintos fines y participantes. Las reuniones son muy importantes para asegurar la comunicación y la distribución de información en el equipo, pero deben ser eficientes para que cumplan adecuadamente su función. La eficiencia de las reuniones depende de su planificación, dirección y seguimiento.

Para lograr reuniones efectivas, el líder debe:

- Determinar el objetivo y la necesidad de la reunión

- Establecer cuál es el problema específico a considerar, cuáles son los hechos sobre ese problema y cuáles son las posibles soluciones y sus consecuencias.

- Definir el lugar y el momento adecuados para la misma, así como asegurar que el ambiente físico de la reunión favorezca el éxito de la misma

- Permitir que los participantes se conozcan si no lo han hecho previamente

- Procurar que la reunión sea ser tan breve como el tema o los temas a discutir lo permitan

- Facilitar que todos los asistentes participen, que nadie monopolice la discusión, que la discusión se concentre en el tema de la agenda, que las decisiones se tomen por consenso y que se logren los objetivos previstos de la reunión

- Asegurar que la reunión termine con una evaluación de sus resultados y la definición de las acciones requeridas como consecuencia de la reunión y de los responsables de estas acciones.

- Verificar que las acciones acordadas en la reunión se lleven a cabo.

DESARROLLO DEL LIDERAZGO

Para llegar a ser líder hace falta:

- Construir una excelencia interior: dominando el contexto (siendo el creador de su propia vida); conociéndose a sí mismo; siendo optimista y entusiasta, pero reflexionando, en calma, y después resolviendo

- Actuar como un líder: preocupándose por la gente; innovando y creando una visión convincente, que lleve a la gente a un lugar nuevo; generando confianza actuando con integridad, forjando alianzas y teniendo fe en la gente y en el trabajo en equipo

- Desarrollar la capacidad de liderazgo: asumiendo responsabilidades progresivas de dirección y mejorando la capacidad de influir sobre las personas y ejercer mayor impacto en la organización

La persona que aspira a ser un líder debe esforzarse de manera particular en desarrollar las competencias generales de liderazgo: vocación de servicio; pensamiento estratégico; experiencia y conocimientos; capacidad de adquirir y utilizar el poder; capacidad de actuar de acuerdo con la situación; rasgos de personalidad (auto estima y coraje); capacidad de establecer una relación efectiva con sus seguidores; y manejo adecuado de las emociones.

Una manera de desarrollar liderazgo en las organizaciones es crear oportunidades que permitan a los empleados jóvenes asumir responsabilidades y entrenarse en la dirección de equipos. Hace falta también que tengan modelos que imitar y que se les permita cometer errores como parte de su proceso de formación.

CAPITULO 5

COMUNICACION GERENCIAL

CONCEPTO E IMPORTANCIA DE LA COMUNICACION GERENCIAL

La comunicación es el proceso de tratar con alguien de palabra o por escrito. La comunicación es importante para los gerentes por varias razones:

- La comunicación es el proceso de enlace entre las distintas funciones gerenciales (es el corazón de todas las organizaciones)

- La comunicación es el medio principal por el que las personas obtienen e intercambian información

- Los gerentes emplean casi todo su tiempo comunicándose con empleados, colegas, clientes y otras personas

- La información y la comunicación son fuentes de poder en las organizaciones

De una comunicación efectiva depende que los gerentes logren alcanzar sus objetivos de negocio. Una comunicación será efectiva cuando logre transmitir adecuadamente lo que el gerente se propone transmitir y se produzcan en el receptor los cambios o las reacciones positivas deseadas.

Mejorar las habilidades de comunicación implica desarrollar la asertividad o autoestima del gerente, es decir, el grado de aceptación, respeto y valoración que una persona tiene de sí misma. Una persona asertiva puede comunicarse con personas de todos los niveles de manera abierta, directa, franca y adecuada. Entre los factores que podrían ejercer un efecto positivo en el desarrollo de la autoestima se encuentran el afecto, el amor y la aceptación.

ESTRATEGIA DE COMUNICACION

La estrategia es el conjunto de actividades destinadas a conseguir un objetivo.

De acuerdo con la profesora Mary Munter, de Darmouth, se pueden distinguir cinco componentes o variables interactivas en la estrategia de comunicación:

- El comunicador (el escritor o el orador). El comunicador debe tener claro el objetivo que persigue, debe escoger un estilo de comunicación apropiado y debe asegurar su credibilidad ante la audiencia.

- La audiencia. Para una comunicación efectiva, se debe conocer quienes conforman la audiencia, que conocen y esperan, que sienten y como se les puede persuadir.

- El mensaje. El mensaje debe comenzar y hacer énfasis en la conclusión. Las ideas deben estar organizadas en función del objetivo que se persiga.

- El canal. El canal es el medio por el que se transmite el mensaje: canales escritos, canales orales o canales mixtos. La selección adecuada del canal es también una decisión importante de la estrategia de comunicación.

- La cultura. La comunicación debe tomar en cuenta las características culturales de la audiencia; es decir, las actitudes con respecto al tiempo, la influencia sobre el futuro, el estilo de comunicación, la credibilidad, el canal de comunicación, etc.

COMUNICACION ESCRITA: VENTAJAS Y DESVENTAJAS

La comunicación escrita presenta las siguientes ventajas:

- Proporciona un registro para la referencia y el seguimiento

- Permite la comunicación económica de un mismo mensaje a muchas personas

Pero, la comunicación escrita tiene al menos dos desventajas:

- El emisor no sabe si la comunicación fue recibida, a menos que el receptor acuse recibo de la misma

- Alguna persona puede molestarse si percibe que algún dato, información u opinión presentada en un documento le perjudica y/o puede ser mal interpretada por otra persona que lea ese documento

COMUNICACION ESCRITA: COMPOSICION

Una composición es un texto preparado para su impresión o transmisión. Antes de escribir, es necesario revisar y tener en mente la estrategia de comunicación que se haya definido.

Una composición cualquiera está integrada por tres partes principales:

- *El comienzo o introducción.* El comienzo (el título y el primer párrafo) ha de ser atractivo

- *El cuerpo o desarrollo.* Es muy importante mantener el orden en la exposición

- *El final o la conclusión.* Se debe procurar cerrar el escrito con una buena frase, que deje una honda impresión en el lector

Uno de los objetivos más importantes de la composición es lograr claridad en la escritura. Claridad es la facilidad con la que se expresan las ideas en el documento. Para asegurar la claridad de un texto hay que tener en cuenta:

- *La unidad.* En el caso del escrito, hecho de partes varias, la unidad viene de la relación de los distintos elementos con el tema o idea central. Por eso, lo que no tiene ninguna conexión con nuestro propósito ha de descartarse

- *La coherencia.* Las ideas deben desarrollarse en orden

- *El énfasis.* Se ha de lograr que el lector fije la atención en lo más importante. El énfasis se materializa: a través del espacio que se destina a cada parte; por la colocación misma; a través de la repetición

COMUNICACION ESCRITA: ESTILO

El estilo es el modo de decir algo. El estilo debe ser el apropiado para el tipo y naturaleza del documento y su escogencia implica decidir sobre el grado de formalidad que se desea, el uso de palabras y frases adecuadas y el empleo de términos técnicos o especializados.

El estilo es el alma, la personalidad del escrito. Las principales reglas de estilo son las siguientes:

- La sencillez. Para llegar a ello, es necesario: contraerse al tema; evitar lo innecesario; poner "una cosa después de otra"; y usar la forma directa

- El vocabulario concreto, usual y preciso

- El ritmo de la exposición (usar los signos de puntuación en correspondencia con el movimiento del discurso, marcar las pausas que se consideren esenciales)

- La brevedad. Se debe eliminar toda palabra superflua y contraer la expresión a lo verdaderamente significativo

COMUNICACION ESCRITA: NORMAS APA

Las normas de la American Psychological Association o normas APA tienen por objeto facilitar el uso correcto de las fuentes y referencias bibliográficas que se utilicen para elaborar un documento, dando el crédito debido a estas fuentes y evitando el plagio. Aunque el uso de estas normas es obligatorio en los trabajos académicos o de investigación, también pueden ser utilizadas en cualquier tipo de documento profesional o gerencial.

Las normas de la APA regulan, de manera general, la forma en la que se citan las referencias en un texto o documento y la forma como se escriben y disponen en una lista al final de ese texto o documento.

Todas las ideas que se toman de alguna referencia al escribir un documento deben ser citadas en el mismo. Aparte de permitir dar crédito a las fuentes que se utilicen, citar referencias también permite ofrecer un enlace rápido a la información de libros, revistas o sitios de la Internet que se consultaron para apoyar las ideas en la elaboración de un trabajo. Algunas de las normas principales en cuanto a citas de referencias son las siguientes:

- Cuando se cita una referencia en el texto o cuerpo del trabajo basta con indicar: Apellido del autor (Año de publicación). El lector, si lo desea, puede entonces dirigirse a la lista de referencias al final del documento y encontrar información más completa sobre esta referencia.

- Si se copia textualmente una frase, ésta debe colocarse entre comillas y en la cita debe agregarse el número de la página en la que se encuentra esa frase en la referencia citada. Si la cita tiene más de 40 palabras, debe escribirse como un párrafo aparte, omitiendo las comillas.

Todas las referencias citadas en el texto o cuerpo del trabajo deben estar escritas en una lista al final de ese texto y en esa lista no debe aparecer ninguna referencia que no haya sido citada en el texto. Algunas de las normas principales en cuanto a la lista de referencias son las siguientes:

- La lista de referencias se debe ordenar alfabéticamente por apellido de los autores, indicándose la siguiente información: Apellido del autor, Iniciales del nombre del autor (Año de publicación), Titulo del documento, Sitio de publicación (editorial, revista, sitio de internet)

- Cuando se trata de un artículo publicado en una revista, es conveniente agregar el número de la revista y las páginas en las que aparece el artículo. Y cuando se trata de un documento tomado de un sitio de Internet, es conveniente indicar la fecha en la que se recuperó el documento, ya que el contenido del sitio puede cambiar y el documento puede dejar de estar disponible en ese sitio.

COMUNICACION ESCRITA: GRAMATICA

La gramática es el conjunto de normas que se establecen para el correcto uso de una lengua. A continuación se presentan algunas de las reglas gramaticales más importantes para la lengua española.

A. Pronombres

El uso y régimen preposicional de los pronombres relativos da origen a errores. Quien y quienes sólo pueden referirse a un antecedente personal:

- Visitó al presidente, con quien mantuvo conversaciones

- Recibirá a los comisionados, a quienes dará cuenta de...

El verbo debe concordar con el sujeto en número y persona:

- Yo escribo

- Vosotros coméis

- El perro ladra

B. Acentos

- Si la última sílaba tiene mayor fuerza, la palabra es aguda. Las palabras agudas se acentúan cuando terminan en vocal, en N o en S.

- Si la penúltima sílaba tiene mayor fuerza, es grave. Las palabras graves se acentúan cuando terminan en consonante, excepto en N o en S.

- Si la antepenúltima sílaba tiene mayor fuerza, la palabra es esdrújula, Las palabras esdrújulas se acentúan siempre.

- MAS lleva tilde cuando indica mayor grado o mayor cantidad (lo contrario de menos). No la lleva cuando es sinónimo de pero. AUN lleva tilde cuando reemplaza al adverbio todavía.

- QUE, CUAL, QUIEN, CUANDO, CUANTO, COMO, DONDE llevan tilde cuando expresan pregunta, exclamación, desconocimiento o tienen intención averiguativa.

C. Algunas otras reglas

- Salvo tejer y crujir, todos los verbos cuya terminación infinitiva se pronuncia /ger/ o /gir/ se escriben con G.

- En general, se usa Z antes de A-O y se usa C antes de E-I.

- Se usa la B después de M y antes de consonante. Se usa la V después de N.

- Usamos de más (dos palabras) cuando nos referimos a algo que sobra y usamos demás (una palabra) cuando queremos significar el resto.

- Es recomendable reemplazar las palabras COSA y ALGO por términos precisos.

- SINO (una sola palabra) equivale a más qué, pero sí.

- Para comprobar si con un verbo se debe usar DE QUE, haga una pregunta iniciándola con DE QUE. Si la pregunta resulta correcta, se debe usar DE QUE con tal verbo.

- En lugar de CONLLEVAR conviene emplear: IMPLICAR, CONTENER, INCLUIR, CAUSAR, etc.

- Muchos gramáticos recomiendan no abusar del gerundio.

- Se debe evitar usar el QUE con demasiada frecuencia: no es conveniente emplearlo varias veces en la misma oración en vez de expresiones más apropiadas y variadas. Pero aclaremos: no se trata de eliminar todos los ques.

D. Expresiones recomendables

Hay expresiones usuales que no son correctas. Por eso, es conveniente tener en cuenta que es lo recomendable en esos casos. Por ejemplo:

- RECOMENDABLE…. NO RECOMENDABLE

- A menos que…. A menos de que…

- No vi a nadie…. No vi nadie

- Con base en…. En base a…

- Con la mayor brevedad….. A la mayor brevedad

- Con relación a…. En relación a….

- De acuerdo con…. De acuerdo a…

- En relación con…. En relación a…

- Lancha de motor…. Lancha a motor

- Un vaso de agua…. Un vaso con agua

- Leo mucho de noche…. Leo mucho en la noche

- Abonar en la cuenta…. Abonar a la cuenta

- En beneficio de…. A beneficio de…

- En horas de oficina …. A horas de oficina

- En nombre de…. A nombre de…

- Papel para dibujar…. Papel de dibujar

- Asuntos por resolver....Asuntos a resolver

- Cuentas por pagar.... Cuentas a pagar

- Pronunciar un discurso... Decir un discurso

- Estudiar un asunto.... Ver un asunto

- Ordenar.... Poner en orden

- Aplicar....Poner en práctica

- Aclarar.... Poner en claro

- Fabricar, elaborar un producto....Hacer un producto

- Ocurrió un accidente.... Hubo un accidente

E. Signos de puntuación:

Si quitamos las expresiones entre dos comas no se debe alterar el sentido de la oración: la idea debe seguir siendo la misma. La coma no debe cortar una oración: en ninguna manera se debe separar el sujeto del predicado. No es prudente abusar de la coma.

Una coma colocada erróneamente puede cambiar el sentido de la frase. Ejemplo:

- Yo no vine como tú querías

- Yo no vine, como tú querías

Los dos puntos se usan:

- Ante una enumeración explicativa:
  Había tres personas: dos mujeres y un niño

- Ante una cita textual:
  Luego, el novelista escribió en su diario: "El presidente Obama llegó justo a tiempo al Congreso"

- Ante oraciones que demuestran lo establecido en la que la precede:
  Los neonazis: una manifestación de intolerancia

El punto y coma se usa para separar elementos análogos de una serie o para relacionar (sin conjunción) dos oraciones simples que forman una compuesta. Es preferible sustituir el punto y coma por punto seguido.

Se usa punto cuando se ha terminado una oración con sentido completo.

CONSEJO PARA ESCRIBIR BIEN

El mejor consejo para los que quieren escribir bien, de acuerdo con los grandes escritores, es que escriban. Sólo se aprende a escribir correcta y eficazmente escribiendo a menudo y tratando de mejorar el diseño, la claridad, el estilo y todos los demás atributos de la escritura.

PRESENTACION ORAL

Se pueden distinguir varios tipos de presentaciones de negocios en función de su objetivo:

- Información

- Ventas

- Discusión

Todas las presentaciones deben estar preparadas cuidadosamente para garantizar que se transmita adecuadamente el mensaje deseado. El orador también debe mantener el control de la audiencia durante toda la presentación.

A pesar de que es habitual en las presentaciones de negocios utilizar la ayuda de medios visuales, no siempre tienen que ser utilizados. Es necesario utilizarlos si el mensaje es difícil de transmitir sin ellos o cuando el presentador no tiene buena memoria o experiencia en este tipo de actividad, necesitando las ayudas visuales para asegurarse de que no esté olvidando algo importante o para mantener el orden en la presentación. Pero las ayudas visuales son también muy útiles ya que proporcionan imágenes o gráficos que muchas veces dicen mucho más que las palabras. Los vídeos también se pueden utilizar si son breves, muy bien editados y sirven para el propósito de la presentación.

Ya sea que se utilicen o no ayudas visuales, la presentación debe capturar la atención del público desde el principio, informar la finalidad de la presentación, motivar a la audiencia para oír hablar de ese tema y explicar la agenda a seguir. También es importante informar de antemano si las preguntas son bienvenidas durante la presentación o si el orador prefiere que se aborden al terminar la misma.

Las ayudas visuales deben ser atractivas. Las imágenes y los gráficos son mejores que las palabras, pero deben ser simples y directos. Cada idea debe expresarse brevemente en una sola diapositiva, con un título específico, y ninguna diapositiva debe ser usada para expresar más de una idea importante. A menos que la presentación requiera más tiempo por alguna razón, por lo general es preferible que sea breve, no utilizando más de 15 a 20 diapositivas. En cualquier caso, las ayudas visuales deben estar bien ordenadas y el mensaje debe entenderse claramente en ellas incluso si el expositor no está presente (algunas personas claves pueden no ser capaces de asistir a la presentación y se les debe permitir captar la esencia del mensaje cuando la reciben por correo electrónico).

Al hacer una presentación, el ponente deberá:

- Mantener el contacto visual con el público
- Hablar despacio, con claridad y en voz alta
- Evitar cualquier lenguaje corporal equivocado
- Permanecer dentro de un área determinada

ESCUCHA ACTIVA

Muchos autores coinciden en que la condición básica para una comunicación interpersonal efectiva no es saber hablar o saber escribir, a pesar de su importancia, sino saber escuchar, buscar primero entender y luego ser entendido.

Escuchar permite entender verdaderamente a la otra persona desde su propio marco de referencia, proporciona información muy precisa con la cual trabajar y permite que el gerente sea a su vez entendido y apreciado. Una escucha activa debe dirigirse al que habla, sin tratar de interceptar su mensaje con nuestros propios deseos y valoraciones o prejuicios. Escuchar supone no sólo observar y atender lo que la persona está expresando directamente, sino también tratar de entender el sentido que subyace a sus palabras y comportamientos.

Saber escuchar implica usar a fondo nuestros sentidos, de tal manera que el otro perciba que nos interesa lo que está diciendo, que es importante y que somos sensibles a su sentir.

La escucha activa supone:

- Mantener contacto visual

- Prever suficiente tiempo para la reunión

- Procurar, de manera sincera, obtener información de la otra persona

- Evitar actuar de manera emotiva u ofensiva

- Repetir, en sus propias palabras, el mensaje que acaba de recibir, con el objeto de verificar si lo entendió bien

- Guardar silencio (no interrumpir)

- Hacer preguntas para aclarar

- Evitar los gestos que puedan distraer

COMUNICACION ORGANIZACIONAL

Además de mejorar sus habilidades de comunicación interpersonal, los gerentes deben aprender a manejar con efectividad la comunicación dentro de las organizaciones. La buena comunicación está muy relacionada con la satisfacción de los empleados. Cuanto menor sea la incertidumbre, mayor será la satisfacción. Una buena comunicación ayuda a evitar distorsiones, ambigüedades e incongruencias que aumentan la incertidumbre y, por ello, tienen un efecto negativo en la satisfacción. Cuanto menos se distorsione la comunicación, mejor entenderán los empleados los mensajes de la dirección sobre las metas y las políticas y estrategias de la empresa u organización.

Los gerentes deben facilitar la mejor comunicación posible (descendente, ascendente y horizontal) entre todos los niveles de la organización:

- La comunicación descendente debe tener como características la credibilidad, la selectividad y la oportunidad

- La comunicación ascendente está estrechamente vinculada con la descendente y debe caracterizarse por la libertad de expresión, de manera que la información que llegue a los niveles superiores no sea solamente la que los altos directivos quieren oír

- La comunicación horizontal, tanto formal como informal, debe ser estimulada ampliamente y, al igual que la comunicación descendente y ascendente, debe estar libre de barreras que la limiten

La comunicación interna puede facilitarse propiciando el funcionamiento de la estructura informal de redes sociales de la empresa, manteniendo la empresa una estructura formal que le permita lograr la estabilidad que también requiere. El éxito y el buen desempeño de la empresa dependerán de su habilidad para combinar adecuadamente el funcionamiento de ambos tipos de estructuras.

COMUNICACION CORPORATIVA

La comunicación corporativa, interna y externa, ha sustituido a la antigua función de "relaciones públicas" en las empresas y se refiere a como la organización se comunica. Incluye e integra los aspectos de:

- Imagen
- Identidad
- Publicidad corporativa
- Relaciones con los medios
- Comunicación financiera
- Relaciones con los empleados
- Relaciones con la comunidad
- Relaciones con el gobierno
- Comunicación de crisis

Para ser efectiva, la comunicación corporativa debe guiarse por los siguientes principios: claridad; sinceridad; y oportunidad.

CAPITULO 6

GERENCIA DE PROYECTOS

CONCEPTO DE PROYECTO

En el Diccionario de la Real Academia de la Lengua Española, una de las acepciones del término proyecto es "designio o pensamiento de ejecutar algo". Como sinónimos de proyecto se han propuesto "plan", "intento", "intención", "idea" y "diseño", entre otros.

Como vemos, en el lenguaje formal el término proyecto está siempre asociado con algo que está por realizarse, que todavía no ha tomado forma. En el lenguaje técnico, dicho vocablo comenzó a utilizarse de la misma manera. Así, por ejemplo, en ingeniería se hablaba hasta hace poco de proyecto como la fase de diseño de una obra, separándola claramente de la fase de construcción de la misma. Sin embargo, actualmente se emplea el término proyecto para referirse a la totalidad del proceso de concebir, diseñar, construir y poner en operación una obra.

Es posible que la mayor velocidad del mundo contemporáneo, la cual ha obligado a ejecutar de manera concurrente el diseño y la construcción de una obra, con el objeto de reducir el tiempo total de realización de la misma, haya forzado a eliminar la distinción entre las fases y considerar el proyecto como un todo. También puede tener cierta influencia el hecho de pensar cada vez más en términos de "sistemas" y no de "partes", evitándose así la separación entre dos operaciones tan relacionadas entre sí como las de idear y ejecutar algo. Por otra parte, el avance en los sistemas de computación ha facilitado la realización concurrente de muchas actividades que anteriormente debían ejecutarse en secuencia (por ejemplo: el diseño, la procura, la construcción y el entrenamiento de los operadores, en un proyecto de ingeniería).

En todo caso, lo cierto es que cuando empleamos hoy la palabra proyecto nos referimos cada vez más al proceso completo de producir un resultado definitivo. Esa expresión, por cierto, se utiliza con frecuencia no sólo en el campo de la ingeniería sino en casi todas las áreas de actividad humana: negocios, investigación científica, publicidad, política, desarrollo de armas de guerra, cine, etc.

En general, podemos entender por proyecto: "un conjunto de actividades temporales relacionadas en un todo, por una organización, para lograr un producto único".

CARACTERISTICAS COMUNES DE LOS PROYECTOS

El producto de un proyecto puede ser una obra de ingeniería, un sistema de información, un descubrimiento científico, una campaña publicitaria, un producto comercial, una nueva arma de guerra, una película, etc. A pesar de tal diversidad de fines, todos los proyectos guardan entre sí ciertas características comunes tales como:

- Son finitos en el tiempo; es decir, se sitúan entre un inicio y un fin.

- Son esfuerzos singulares; es decir, no son repetitivos ni homogéneos.

- Generan cambios en las organizaciones, bien sea a través de la creación de nuevos sistemas o instalaciones o de la mejora en las operaciones existentes

- Establecen requisitos gerenciales propios; en la mayoría de los casos, deben realizarse a través de organizaciones temporales distintas de la organización convencional

ORIGEN DE LOS PROYECTOS

Los proyectos generalmente surgen en las organizaciones como resultado de procesos formales o informales de planificación estratégica. Son el eslabón final de una cadena que incluye:

La definición de la misión o razón de ser de la organización

- La determinación de los objetivos que quiere alcanzar

- La formulación de las estrategias adecuadas para lograr esos objetivos

- El establecimiento de los programas de acción que permiten materializar las estrategias

- Finalmente, la identificación de los proyectos o conjuntos de actividades en los que se pueden descomponer los programas establecidos

Además de originarse en procesos formales de planificación estratégica, los proyectos también pueden generarse simplemente como instrumentos para resolver un problema o aprovechar una oportunidad que se le presente a una organización.

CLASIFICACION DE LOS PROYECTOS

La diversidad de proyectos es tal que resulta difícil intentar su clasificación. Sin embargo, es posible clasificarlos según estos criterios:

- *Objeto:* proyectos de ingeniería, desarrollo científico y tecnológico, desarrollo empresarial, desarrollo económico, desarrollo social, desarrollo político, desarrollo integral y otros proyectos

- *Sector:* proyectos realizados por el sector público y proyectos realizados por una empresa u organización privada

- *Novedad:* proyectos cuyo fin es crear un nuevo sistema, producto o instalación y proyectos cuyo fin es mejorar algo existente

- *Producto:* proyectos cuyo producto es un servicio que se presta durante su ejecución y proyectos cuyo producto es un bien que puede ser utilizado posteriormente

- *Cliente:* proyectos realizados para un cliente interno y proyectos realizados para un cliente externo

- *Ingresos:* proyectos generadores de ingresos y proyectos sin fines de lucro

- *Naturaleza:* proyectos en los que predomina el desarrollo de infraestructura y proyectos en los que predomina la generación y utilización de conocimientos

- *Tamaño:* Proyectos menores o sencillos y proyectos mayores o complejos

- *Disciplina:* Proyectos cuya ejecución requiere del concurso de una sola disciplina de conocimiento y proyectos multidisciplinarios

GERENCIA DE PROYECTOS

La gerencia de proyectos es el uso temporal, efectivo y eficaz de los recursos disponibles, en una organización, para lograr un producto único.

La gerencia de proyectos es un tipo especial de gerencia, distinto de la gerencia funcional o permanente de la organización, cuya misión es la de utilizar ciertos recursos para lograr un fin particular deseado por esa organización, en un plazo determinado. Aunque la gerencia de proyectos emplea técnicas específicas de planificación, programación y control y hace uso de estructuras organizativas no convencionales, no debe confundirse su misión o función dentro de la organización con las técnicas y estructuras organizativas que utiliza.

Se acepta generalmente que la gerencia de proyectos nació en el complejo de industrias militares de los Estados Unidos, durante la Segunda Guerra Mundial. Esta nueva modalidad apareció ante la imposibilidad de los gerentes funcionales convencionales de dirigir simultáneamente sus actividades rutinarias y las propias de los nuevos grandes proyectos de desarrollo de nuevas armas o equipos de guerra. Al mismo tiempo, se comprobó la limitación de la organización tradicional para llevar a cabo satisfactoriamente proyectos que exigían la participación de diversos departamentos o divisiones funcionales de la organización.

Es interesante caer en cuenta que no todos los "proyectos" requieren de "gerencia de proyectos", como nos lo revela el origen histórico de esta última expresión. Es indudable que antes de la Segunda Guerra Mundial, y por lo tanto antes de la gerencia de proyectos propiamente dicha, ya existían los proyectos y por consiguiente debía existir alguna forma de dirigir su ejecución. Lo que pasaba, hasta entonces, es que los proyectos eran tareas generalmente menos complejas, que podían estar bajo la dirección de los gerentes convencionales y se podían realizar dentro de los límites de un departamento o división funcional de una organización.

La complejidad en los proyectos, unida a la necesidad de innovación, es la causa principal de la gerencia de proyectos. En principio, una organización o empresa debería crear gerencias de proyectos sólo cuando se trate de esfuerzos complejos, originales, de cierta duración y que requieran recursos provenientes de distintos sectores de la organización. De esta manera selectiva podría ahorrarse los conflictos inevitables entre los gerentes de proyectos y los gerentes de unidades permanentes y la incomodidad de estar continuamente modificando la organización corporativa y desplazando a los empleados entre distintos equipos de trabajo.

A pesar de las aparentes restricciones para crear gerencias de proyectos, muchas corporaciones han descubierto que las dificultades que ellas generan son compensadas ampliamente, en la mayoría de los casos, por una mayor eficiencia y eficacia en las operaciones, debido a una mejor focalización del objetivo, una ventajosa concentración de los recursos y una delegación más precisa de autoridad y responsabilidad.

Cada empresa u organización debe decidir la conveniencia, para su propia realidad, de utilizar con mayor o menor grado la gerencia de proyectos. Sin embargo, en algunos sectores, tales como la consultoría de ingeniería o de cualquier otro tipo, es la forma usual de organizar el trabajo.

Las funciones de la gerencia de proyectos, al igual que las de cualquier otro tipo de gerencia son: tomar decisiones, organizar, administrar el personal, planificar, controlar, comunicar y dirigir. Sin embargo, a pesar de su identificación general con las funciones gerenciales ordinarias, la gerencia de proyectos presenta algunas características particulares que permiten diferenciarla:

- Su actividad es específica, relativa sólo a un proyecto determinado, y de una duración limitada, correspondiente a la duración del proyecto

- Utiliza recursos provenientes de diversas unidades funcionales de la organización o empresa

- La función de administración de personal se encuentra minimizada o limitada por el hecho que utiliza provisionalmente personal cuya selección, capacitación, promoción y remoción corresponde a los gerentes funcionales de la organización o empresa

- La función de control es quizás la más importante en su caso: medir la ejecución, corregir las desviaciones negativas y asegurar el cumplimiento de los planes

- La función de dirección no tiene el mismo sentido que en el gerente funcional y consiste solamente en una acción unificadora para lograr los objetivos del proyecto

- Normalmente, el gerente de proyectos define lo que se debe hacer en el proyecto y cuando se requiere, correspondiendo a los gerentes funcionales el cómo hacerlo

- En general, la gerencia de proyectos se caracteriza por su carácter operacional, temporal y focalizado en el objetivo del proyecto, mientras que la gerencia funcional es estratégica, permanente y relacionada con todos los objetivos de una corporación

ALCANCE DE UN PROYECTO

El alcance del proyecto, es decir la definición de los límites de su objeto, puede considerarse comprendido por los siguientes elementos:

- El problema a resolver

- La misión del proyecto

- Los objetivos del proyecto

- Los productos requeridos

- Las especificaciones de los productos

- La estructura de división del trabajo

Como es lógico, todos esos elementos deben ser acordados con el cliente (quien contrata o recibe los productos del proyecto) con la mayor precisión posible, a fin de evitar inconvenientes y garantizar el éxito del proyecto.

En la determinación del alcance deben tomarse en cuenta todas las restricciones que puedan influir en él, particularmente las limitaciones de tiempo y dinero.

La definición del alcance se facilita mediante la elaboración de la estructura de división del trabajo (EDT) o "work breakdown structure" (WBS). Esta estructura es un árbol jerárquico de elementos o piezas de trabajo que producirá o realizará el equipo de proyecto durante el proyecto. Representa la identificación de las principales partes o componentes que constituyen el producto o productos finales del proyecto. Cada parte o componente debe ser un elemento relativamente significativo que pueda ser elaborado por separado para su integración posterior con el resto del conjunto.

La forma usual de elaborar la estructura de división del trabajo consiste en subdividir el producto final en partes componentes o "paquetes de trabajo". No existen reglas únicas para efectuar esta descomposición, aunque se intenta en general identificar partes o componentes significativos y relativamente aislables del resto. Esta separación facilita la ejecución del proyecto, asignándose la ejecución de cada componente a un grupo determinado y, de ser posible, a un subgerente funcional responsable.

ESTRUCTURA ORGANIZACIONAL DE UN PROYECTO

La estructura organizacional de un proyecto puede ser:

- Muy sencilla, consistiendo apenas de un gerente de proyecto y un pequeño grupo colaborador, sin posiciones ni jerarquías definidas

- Relativamente compleja, la cual puede llegar a contar con gerentes o subgerentes para cada componente del proyecto y/o para cada especialidad profesional, además de un "staff" o personal de apoyo integrado por un coordinador, un administrador, un gerente de planificación y control, un gerente de calidad, un auditor de calidad y un gerente de documentación, entre otros, con sus respectivos colaboradores

Además, el gerente del proyecto deberá elegir si desea una organización rígida o una flexible, una organización centralizada o una descentralizada y una organización en la que todos los miembros están a dedicación exclusiva o una en la que pueden participar personas a tiempo parcial.

Obviamente, las decisiones al respecto dependerán de la naturaleza, magnitud y complejidad del proyecto a ejecutar; por otra parte, dependerán del grado de apoyo que pueda recibir el proyecto de los departamentos funcionales de la empresa permitiendo así simplificar la organización del proyecto.

UTILIZACION EFICIENTE DE LOS RECURSOS

La asignación y utilización eficiente de recursos debe ser uno de los aspectos de mayor preocupación por parte del gerente de proyecto.

Se distinguen seis tipos de recursos para la ejecución de un proyecto:

- Dinero

- Personas

- Equipos

- Instalaciones

- Materiales

- Información/ tecnología

En algunos proyectos, los recursos pueden estar determinados y es necesario utilizar entonces los recursos disponibles. En otros, será posible escoger en mayor o menor grado los recursos requeridos. En todo caso, la duración y el costo del proyecto estarán relacionados con los recursos disponibles.

Mientras más recursos se dispongan y éstos sean más eficientes existirán mayores posibilidades de reducir la duración del proyecto, pero éste puede resultar más costoso. En consecuencia, debe procurarse en cada proyecto el mejor balance posible entre recursos, duración y costo, dependiendo de los objetivos del proyecto.

Los recursos deben especificarse de acuerdo con el cronograma del proyecto. La asignación de recursos debe nivelarse con el objeto de evitar demasiadas fluctuaciones con el nivel y tipo de recursos a lo largo del proyecto. En general, no es factible ni conveniente que los recursos sean utilizados por tiempos muy cortos y luego reutilizados por tiempos igualmente cortos. Será preferible, en general, procurar mantenerlos por tiempos mayores, aunque procurando que no se encuentren ociosos en ningún momento.

RECURSOS HUMANOS EN LOS PROYECTOS

Los recursos más importantes para la ejecución de un proyecto son las personas o recursos humanos. Las personas que integren el equipo de proyecto deben escogerse con base en sus conocimientos y sus habilidades para colaborar efectivamente con otros.

Un problema usual en la conformación de equipos de proyecto es que no siempre se puede contar con las personas más capacitadas para cada función, ya que pueden estar ocupadas en otros proyectos o en otras tareas de la organización a la que pertenecen. Sin embargo, es necesario realizar todos los esfuerzos necesarios para conseguir personas adecuadas para cada función y que preferiblemente se conozcan y hayan trabajado juntos satisfactoriamente en proyectos anteriores, ya que la confianza entre los miembros del equipo facilitará considerablemente la integración del grupo.

Las empresas u organizaciones que manejan muchos proyectos simultáneamente, deben establecer algún tipo de procedimiento para efectuar la mejor asignación posible de los recursos humanos a los distintos proyectos, tomando en cuenta las características de cada proyecto y su importancia para la estrategia general de la empresa u organización. En general, este procedimiento supone organizar los proyectos en programas o conjuntos de proyectos relacionados que comparten un mismo tipo de recursos y manejar el portafolio de proyectos de la empresa, de manera de realizar preferentemente los proyectos con menos riesgos y con un impacto más favorable para la empresa u organización.

La distribución de responsabilidades es la asignación de las competencias y obligaciones de los distintos gerentes y supervisores involucrados en el proyecto, tanto por parte de la organización del proyecto como del cliente, indicándose claramente los niveles de autoridad y decisión de cada uno de ellos.

Con el objeto de evitar confusiones, sobre todo en proyectos complejos, se debe elaborar una matriz de responsabilidad. Una matriz de responsabilidad es una tabla o cuadro que lista a las personas o unidades de organización responsables de realizar cada pieza de trabajo en una estructura de división del trabajo. En ella se define quién tiene la responsabilidad primaria de cada componente del trabajo, quién tiene responsabilidad de apoyo, quién debe informar a quién y quién tiene autoridad para aprobar cada acción importante.

ESTIMACION DE COSTOS

Una vez definidos los recursos necesarios en el proyecto, así como su magnitud y distribución en el tiempo, se deben estimar los costos correspondientes a estos recursos. La estimación de costos del proyecto debe irse revisando y ajustando a medida que se desarrolla el proyecto. El margen de error en esta estimación, como es natural, irá disminuyendo a medida que se disponga de información más precisa sobre los recursos necesarios y su costo.

Existen distintas técnicas de estimación de costos, cuya utilización en un proyecto determinado dependerá del alcance y naturaleza del proyecto y de la fase o etapa del proyecto en la que se realice la estimación. Entre las técnicas de estimación de costos se encuentran las siguientes:

- Estimación por analogía: Utilización de la información de costos de proyectos similares ya ejecutados como base para la estimación de costos del proyecto

- Estimación por parámetros: Utilización de características del proyecto (parámetros) para estimar el costo del proyecto con base en la información paramétrica disponible de costos de proyectos

- Estimación agregada: Estimación del costo de elementos individuales, acumulando las estimaciones hasta obtener la estimación total de costos del proyecto

La aplicación de técnicas de estimación de costos puede facilitarse con el empleo de modelos matemáticos y herramientas de computación según la complejidad del proyecto así lo requiera.

PRESUPUESTO

El presupuesto es la expresión financiera del plan del proyecto. Se entiende generalmente por presupuesto del proyecto la relación de los gastos necesarios para ejecutar el proyecto, determinados en el tiempo y discriminados por conceptos o componentes del gasto (materiales, equipos, mano de obra, costos fijos y supervisión, etc.); sin embargo, pueden requerirse otros tipos de presupuestos de acuerdo con la naturaleza del proyecto: presupuesto de ingresos, presupuesto de caja, etc.

Usualmente, el presupuesto de gastos es acompañado de la estimación de costos que le sirve de soporte, indicándose el grado de certidumbre asociado, el cual dependerá de la naturaleza del proyecto y del nivel de detalle en la definición del mismo. También se suele presentar la estructura de división de costos o "cost breakdown structure" (CBS) en correspondencia con la estructura de división del trabajo (EDT o WBS).

CRONOGRAMA DEL PROYECTO

Una actividad es una tarea a realizar dentro del proyecto que consume tiempo. Con base en el alcance del proyecto, preferiblemente a partir de la estructura de división del trabajo (EDT), se deben definir las actividades en las que se subdividirá el proyecto. Las actividades deben ser definidas como las etapas del proceso de obtención de cada uno de los productos del proyecto.

Al elaborar la lista de actividades correspondientes a cada producto, ésta debe ser lo más completa y detallada que sea posible; posteriormente pueden agruparse en la medida que resulte conveniente hacerlo, tomando en cuenta factores como la responsabilidad de su ejecución y el tiempo necesario. Agrupar actividades es posible siempre que el responsable de ejecutarlas en el proyecto sea el mismo, de manera de no crear confusiones en cuanto a la responsabilidad de ejecución, y que además el tiempo de ejecución no resulte excesivo, lo que dificultará el control de la ejecución como veremos más adelante.

Una vez definidas las actividades, se deben determinar las dependencias, es decir especificar cuáles actividades deben preceder a otras y cuales se deben ejecutar de manera concurrente. También se debe estimar la duración o tiempo necesario para realizar cada una de ellas. La estimación de la duración de cada actividad suele hacerse con base en la experiencia de proyectos anteriores.

Para evitar sorpresas desagradables, las estimaciones de duración de cada actividad deben hacerse con cuidado, tomando en cuenta cualquier elemento que pueda afectarla. Ninguna actividad debe durar tanto que dificulte verificar si su retraso está afectando la totalidad del proyecto y no permita efectuar correctivos oportunos; en principio, no debe especificarse ninguna actividad que requiera más de cuatro a seis semanas para su ejecución y preferiblemente no más de dos semanas. Tampoco deben establecerse actividades que duren demasiado poco; por ejemplo, menos de un día.

Como quiera que el proyecto se subdivide en fases y actividades, se requiere de algún cronograma o herramienta para expresar la secuencia, interrelación y oportunidad de ejecución de cada una de ellas, para poder medir su cumplimiento y ejecutar los ajustes necesarios. El cronograma es un diagrama que muestra la duración y ubicación en el tiempo de las distintas actividades necesarias para ejecutar el proyecto. El cronograma debe indicar los hitos o puntos de control que permitirán evaluar el avance del proyecto y verificar el cumplimiento del plan. Esta herramienta suele ser un diagrama o gráfico, distinguiéndose entre diagramas de barras y diagramas de redes.

A. Diagrama de barras

El diagrama de barras más conocido en el control de proyectos es el "gráfico de Gantt", concebido por el ingeniero norteamericano Henry L. Gantt, a principios del siglo XX. Este gráfico consiste simplemente en un sistema de coordenadas en que se indica:

- En el eje horizontal: un calendario, o escala de tiempo, definido en términos de la unidad más adecuada al trabajo que se va a ejecutar (hora, día, semana, mes, etc.)

- En el eje vertical: las actividades que constituyen el trabajo a ejecutar.

A cada actividad se hace corresponder una línea horizontal o barra, cuya longitud es proporcional a su duración y cuya medición se efectúa con relación a la escala definida en el eje horizontal.

En el gráfico de Gantt puede colocarse información adicional sobre la necesidad de recursos en el tiempo, correspondientes con el período de ejecución de las actividades que lo requieren. También pueden emplearse para ello gráficos adicionales, como por ejemplo un gráfico en el que el eje horizontal permanece como registro de la escala de tiempo y en el eje vertical se indican los recursos necesarios, mostrándose mediante líneas horizontales o barras el período de su utilización.

La ventaja principal del gráfico de Gantt radica en que su uso requiere un nivel mínimo de planificación. Los gráficos de Gantt se revelan muy eficaces en proyectos sencillos o para una visión simplificada del control de proyectos más complejos. Sin embargo, no muestran la relación entre las actividades, no ofrecen condiciones para el análisis de opciones ni toman en cuenta factores como el costo, por lo que su uso es bastante limitado en proyectos de cierta magnitud.

B. Diagrama de redes

Los diagramas de redes surgieron a fines de la década de 1950, como alternativas a los diagramas de barras para el control de proyectos complejos. Los diagramas de redes muestran las relaciones entre las distintas actividades de un proyecto. Uno de los métodos más conocidos es el "método del camino crítico" o "critical path method" (CPM), desarrollado por la Compañía DuPont; el otro, "técnicas de evaluación y revisión de programas" o "program evaluation and review technique" (PERT), desarrollado por la Armada norteamericana y el grupo consultor Booz, Allen y

Hamilton. En términos generales, la diferencia inicial entre ambos métodos se debía al uso de probabilidades en el método PERT para estimar el tiempo de las actividades, concentrándose en este elemento, mientras que el método CPM se concentraba en el costo y sus estimaciones eran deterministas. Sin embargo, actualmente los dos sistemas se encuentran integrados, de tal manera que es común designarlos con la sigla conjunta PERT/CPM, como un sistema único, cuyas diferencias carecen de importancia.

Los conceptos básicos empleados en los diagramas de redes son eventos y actividades. Un evento o acontecimiento es la iniciación o conclusión de una tarea y no su ejecución. La ejecución misma de una tarea o trabajo es una actividad. El evento está asociado a una fecha, mientras la actividad está asociada a un tiempo. Los eventos se suelen expresar encerrados en círculos y las actividades se identifican con flechas. Cada flecha o actividad une dos círculos o eventos en el diagrama.

Una vez definidas las actividades, su duración y su relación, se dibuja el diagrama, respetando la secuencia establecida entre las actividades. Con el objeto de evitar confusiones, no es correcto que dos eventos sean unidos directamente por más de una actividad; para evitarlo, se crean actividades fantasmas o enlace, sin tiempo de duración. Luego se numeran los eventos y se determina la fecha más temprana de inicio, la fecha más tardía de inicio, la fecha más temprana de terminación y la fecha más tardía de terminación de cada actividad, de acuerdo con las estimaciones de duración de todas las actividades que le proceden y la suya propia.

La *ruta crítica*, en un diagrama de red, es la ruta de actividades que consume más tiempo. Por lo tanto, determina el tiempo más corto posible de ejecución del proyecto. Las actividades que no están en la ruta crítica tienen cierta holgura para su ejecución, hasta que no afecten con su duración el tiempo mínimo total de ejecución del proyecto; las actividades que están en la ruta crítica, por el contrario, no tienen ninguna holgura y si se retrasan, harán que se retrase la finalización del proyecto.

SISTEMAS DE ADMINISTRACION DE PROYECTOS

Desde que se generalizó el uso del computador, se dispone de "paquetes" o programas de computación o software de administración de proyectos, basados en la técnica PERT/CPM, que facilitan el control del tiempo y costo del proyecto, suministrando al gerente del proyecto reportes de progreso que le permiten no sólo conocer el grado de cumplimiento del cronograma y del presupuesto establecido sino disponer de pronósticos y analizar opciones para efectuar los ajustes necesarios, así como resolver problemas de asignación de recursos.

Entre estos programas, con ventajas y desventajas relativas de costo y facilidades de uso, se encuentran:

- Artemis Project Management Software

- Deltek Open Plan

- Intuit Project Management QuickBase

- Microsoft Project

- Open Workbench

- Oracle Primavera Professional Project Management

- SAP Project Management

Es indispensable recordar que la utilidad de estos programas depende de la exactitud y oportunidad de la información básica suministrada y del mantenimiento de sistemas adecuados de recolección y procesamiento de esa información.

Aunque esos programas o paquetes comerciales siguen en uso, parece existir una tendencia, sobre todo en las grandes organizaciones que manejan proyectos, al uso de plataformas de proyectos, que conectan los sistemas de control de los proyectos con los demás sistemas de la organización o empresa, aprovechando la tecnología de Internet.

GERENCIA DEL RIESGO EN EL PROYECTO

El riesgo es la exposición del proyecto a contingencias que afecten el cumplimiento de sus objetivos.

La reducción de la probabilidad de que el proyecto pueda fracasar en el cumplimiento de sus requisitos de tiempo, costo y calidad es el objetivo del análisis de riesgos que debe formar parte de la planificación del proyecto.

La gerencia o administración del riesgo, consiste en identificar, evaluar y responder a los riesgos del proyecto con el fin de reducir al mínimo la probabilidad y el impacto de las consecuencias de sucesos adversos en el logro del objetivo del proyecto. La gestión de riesgos debe ocurrir de manera repetitiva a lo largo del proyecto.

A. Identificación del riesgo

La identificación del riesgo incluye determinar cuáles riesgos podrían afectar de manera adversa el objetivo del proyecto y cuáles podrían ser las consecuencias de cada uno de ellos, si éstos ocurren. Es decir, la identificación del riesgo supone responder a la pregunta: ¿Qué podría fallar? o ¿Qué podría impedirnos lograr los objetivos del proyecto?

Los numerosos factores que pueden representar riesgos en un proyecto pueden agruparse en varias categorías:

- Factores derivados de limitaciones de recursos, tales como dinero y tiempo

- Factores derivados de causas naturales o de fuerza mayor: robo, incendio, huelgas, terrorismo, etc.

- Factores derivados de cambios legales o cambios en las condiciones de financiamiento

- Factores derivados de cambios tecnológicos o de utilización de tecnologías inadecuadas

- Factores derivados de imprecisiones en el proyecto, de la conducta de la gente y de la gerencia del proyecto

B. Evaluación del riesgo

La evaluación de cada riesgo involucra la determinación de la probabilidad de que el suceso de riesgo ocurra y el grado de impacto que el suceso tendrá en el objetivo del proyecto. Se puede distinguir entre evaluación o análisis cualitativo de los riesgos y evaluación o análisis cuantitativo de los riesgos.

El análisis cualitativo de los riesgos supone la estimación de la posibilidad de ocurrencia de los riesgos identificados, así como la identificación de las posibles consecuencias sobre el proyecto. Existen distintas técnicas para realizar este análisis, pero casi todas ellas se basan en determinar las probabilidades de falla de los factores de riesgo identificados y las consecuencias de tales fallas, calificándolos finalmente como factores de riesgo alto, moderado, menor o bajo.

El análisis cuantitativo implica la estimación del costo o impacto económico de los riesgos en el proyecto en caso de que llegasen a ocurrir.

La combinación del análisis cualitativo y cuantitativo de los riesgos permite la estimación del riesgo del proyecto, de acuerdo con la siguiente ecuación:

Riesgo (R) = Probabilidad de Falla (P) x Impacto (I)

De acuerdo con el nivel de riesgo evaluado, los riesgos pueden clasificarse en "alto", "moderado" o "bajo".

C. Respuesta al riesgo

La planeación de la respuesta al riesgo consiste en el desarrollo de un plan de acción para reducir el impacto o la probabilidad de cada riesgo.

El desarrollo de respuestas a los riesgos implica que para todos los factores de riesgo deben preverse medidas o acciones que reduzcan su potencial de daño, con énfasis en aquellos factores que sean considerados críticos. Como muchas de esas acciones cuestan dinero, debe procurarse un balance adecuado entre el costo de dichas medidas y el costo total del proyecto, así como una distribución apropiada de ese costo entre los distintos factores, de acuerdo con el nivel de riesgo respectivo.

Entre las medidas usualmente recomendadas para reducir los riesgos en la ejecución de proyectos se encuentran:

- Uso de consultores externos para la revisión del diseño

- Incorporación de requisitos de calidad en las especificaciones de equipos

- Empleo de análisis de capacidad de los proveedores en la selección de fuentes de procura

- Uso de técnicas de auditoria de calidad

- Elaboración regular de informes de avance para verificar el estado de ejecución del proyecto

Por supuesto, además de medidas específicas para reducir los riesgos es necesario:

- La selección adecuada del gerente del proyecto y de la gente que integrará el equipo del proyecto

- El empleo de procesos de trabajo cuya calidad haya sido certificada

- El buen entendimiento entre el cliente y la gerencia del proyecto, con respecto a las especificaciones de los productos y cualquier otro aspecto relevante del proyecto

El plan de respuesta a los riesgos no se debe limitar a la identificación de los riesgos y la recomendación de medidas para reducirlos. También es necesario elaborar planes de contingencia que respondan a la pregunta: ¿Si pasa, qué hacemos? Un plan de contingencia es un conjunto predefinido de acciones que se implementarán si ocurre el suceso de riesgo.

D. Supervisión y control del riesgo

La supervisión y control de riesgos consiste en ejecutar el plan de manejo de riesgos con el objeto de responder ante eventos de riesgo durante el curso del proyecto.

GERENCIA DE LAS COMUNICACIONES EN EL PROYECTO

La comunicación, en un proyecto, es el intercambio de información dentro y fuera de la organización del proyecto. La planificación de las comunicaciones supone determinar las necesidades de información y comunicación de todos los interesados en el proyecto y definir la manera de satisfacer esas necesidades.

A. Comunicación efectiva

Para lograr una comunicación efectiva, las personas deben tener el deseo de comunicar, entender el proceso de comunicación, expresarse con claridad y sinceridad y verificar la respuesta adecuada a sus intentos de comunicación.

B. Niveles de comunicación

En un proyecto se suelen distinguir dos niveles importantes de comunicación:

- Comunicación interna (entre el equipo del proyecto)

- Comunicación externa (con la alta gerencia, con los clientes y con otros interesados externos en el proyecto)

Toda información importante relativa al proyecto debe ser comunicada con transparencia y oportunidad a todos aquellos que la necesiten y debe estimularse la mayor comunicación posible dentro del proyecto, aunque deben establecerse normas precisas para la comunicación hacia afuera del proyecto, sobre todo de aspectos formales o hechos que puedan generar conflictos indeseados en la relación con el cliente.

Además de la comunicación formal, es muy importante fomentar la comunicación informal dentro del equipo del proyecto. Las buenas relaciones entre las personas dependen muchas veces de la formación de redes interpersonales de comunicación independientes de la comunicación formal. Mientras más contacto e intercambio de información tengan los miembros del equipo del proyecto, más probable es que dispongan de la información necesaria para realizar mejor su trabajo y también que estén en mejor disposición para cooperar y colaborar con los demás. La comunicación informal también es conveniente entre el equipo de proyecto y el cliente, aunque en este caso, como ya se ha señalado, la comunicación relacionada con asuntos críticos del proyecto debe corresponder sólo al gerente y a cualquier otra persona autorizada para hacerlo, a fin de evitar conflictos innecesarios y desagradables.

C. Plan de comunicaciones

El plan de comunicaciones es un documento del proyecto que surge como resultado del proceso de planificación de las comunicaciones. Debe expresar el tipo de información que necesita cada interesado en el proyecto y la frecuencia con la que se le debe suministrar esa información.

Los contenidos del plan de comunicaciones deben ser:

*   Metodología que se utilizará para recolectar y almacenar los distintos tipos de información

*   Estructura de distribución de la información (reportes escritos, reuniones, e-mails, correo, intranet, fax, videoconferencias, Internet, acceso a base de datos, etc.)

*   Descripción de la información (formatos, contenidos, nivel de detalle, definiciones y convenciones que se utilizarán)

*   Agenda de producción (cuándo se producirá y entregará cada tipo de información)

*   Métodos de acceso a la información

*   Actualización del plan de comunicación

D. Información necesaria

La información es el resultado de recopilar, procesar y analizar los datos relativos al proyecto con el objeto de incrementar el nivel de conocimiento sobre el mismo. En este sentido, es necesario distinguir entre la información básica necesaria para ejecutar el proyecto y la información necesaria para controlar su ejecución. Ambos tipos de información deben ser confiables, completas y oportunas para que el proyecto se pueda llevar a cabo satisfactoriamente.

La información necesaria para controlar la ejecución depende de la naturaleza del proyecto y de los niveles gerenciales establecidos en la estructura organizativa del proyecto. Los gerentes de menor nivel, si la complejidad del proyecto los requiere, necesitan de información detallada de las operaciones a su cargo, pero a los altos gerentes les resulta suficiente la información que resume las situaciones y muestra las excepciones de lo que se esperaba.

La información gerencial debe ser exacta, oportuna, íntegra y concisa y el costo de obtenerla debe ser proporcional a la utilidad que proporcione a los gerentes.

En proyectos muy sencillos pueden bastar sistemas manuales de información gerencial, pero la disponibilidad de programas especializados de computación a costos relativamente bajos hace muy conveniente y casi indispensable la utilización de los mismos para proporcionar la información gerencial necesaria en casi todos los proyectos.

Las empresas deben poseer la capacidad de conservar y analizar datos e información histórica de sus proyectos, con el fin de utilizarlos en futuros proyectos.

E. Sistemas de información gerencial

En la mayoría de los proyectos, es necesario establecer sistemas de información específicos, por cuanto los sistemas de información corporativos pueden ser inexistentes o inadecuados.

Un sistema de información gerencial es una agrupación de métodos y procedimientos que tiene por objeto distribuir a los gerentes la información necesaria para planificar, organizar, dirigir y controlar las actividades del proyecto.

Los componentes o subsistemas usuales de un sistema de información gerencial para el control de proyectos son los siguientes:

- Cronograma de ejecución

- Asignación de recursos

- Presupuesto

- Hojas de tiempo

- Control de avance

- Registros de compras

- Contabilidad y facturación

- Reportes de control

- Pronóstico de resultados

El sistema de información gerencial del proyecto debe estar en capacidad de generar los informes o reportes de progreso que sean requeridos por los distintos interesados en el proyecto, de acuerdo con sus necesidades. Los informes de progreso suelen estar relacionados con el control de ejecución del proyecto, por lo que usualmente comprenden informes sobre resultados del control de tiempo, costo y calidad del proyecto, así como recomendaciones para superar las posibles fallas observadas y evitar inconvenientes futuros.

PRESENTACION DE PROYECTOS PARA SU APROBACION

Para que pueda llevarse a cabo un proyecto, se requiere de su formulación en términos claros y precisos, que faciliten su evaluación tanto por los organismos o niveles de autoridad que deban autorizar su ejecución como por las instituciones financieras de las cuales se espera que faciliten préstamos para llevarlos a cabo.

No existen reglas uniformes para la presentación de proyectos, aunque algunas empresas o entes financieros suelen establecer guías o instructivos para hacerlo.

En general, la presentación de un proyecto para su aprobación debe dar respuesta a las siguientes inquietudes:

- ¿Qué se va a hacer? La respuesta a esta pregunta supone una descripción del *alcance* del proyecto; es decir, de su naturaleza y de los productos o resultados que se esperan de él.

- ¿Por qué hay que hacerlo? La respuesta a esta pregunta supone una explicación de la *justificación* del proyecto, de las razones de su realización, de los beneficios que se obtendrán y de las consecuencias que existirían si el proyecto no se realiza.

- ¿Cómo se va a hacer? La respuesta a esta pregunta supone una descripción de la *metodología* y el plan de trabajo previsto para la ejecución, incluyendo una explicación sobre las actividades requeridas, la forma de llevarlas a cabo, las adquisiciones de equipos y materiales y las disposiciones legales aplicables.

- ¿Quién lo va a hacer? La respuesta a esta pregunta supone una descripción de la *organización* prevista para realizar el proyecto y de las principales empresas y personas que participarán en el mismo, definiendo las responsabilidades de cada actor relevante. La identificación del gerente del proyecto y de las razones para su elección es un aspecto fundamental de esta organización.

- ¿Cuándo se va a hacer? La respuesta a esta pregunta supone una descripción de las fechas de inicio y terminación del proyecto, así como de una información general sobre el *cronograma* de ejecución.

- ¿Cuánto va a costar? La respuesta a esta pregunta supone una estimación de los *costos* del proyecto, que incluyen las inversiones necesarias para realizar el proyecto y los costos o gastos de operación. Las inversiones o aportes al proyecto representan una creación de capital, aumentando la capacidad productiva de la empresa ejecutora. Las inversiones deben diferenciarse dependiendo del tipo de moneda (nacional o extranjera) y desglosarse en los distintos tipos de componentes. La estimación de costos de inversión debe indicar los márgenes de error y los métodos de estimación empleados. Los costos y gastos de operación son aquellos en los cuales será necesario incurrir una vez efectuadas las inversiones iniciales e iniciada la operación del proyecto

- ¿Cómo se va a pagar? La respuesta a esta pregunta supone una información sobre las *fuentes de fondos* para la ejecución para el proyecto, bien sean recursos propios de la empresa ejecutora, aportes de los socios del proyecto, ingresos por la venta anticipada de los productos o préstamos de instituciones financieras.

- ¿Qué garantiza el éxito del proyecto? La respuesta a esta pregunta supone una identificación de los principales *riesgos* del proyecto, de las medidas que se van a tomar para evitar o reducir esos riesgos y de los resultados de cualquier estudio previo que se haya realizado para determinar la factibilidad del proyecto.

El documento de presentación del proyecto para su aprobación se suele denominar "estatutos del proyecto", o "project charter" en inglés, y una vez aprobado se convierte en un mandato de acción para el proyecto.

EVALUACION DE PROYECTOS

Después que el proyecto ha sido formulado, incluyendo una definición de sus aspectos financieros, se puede proceder a la evaluación del mismo. La evaluación, cuyo objeto es analizar la factibilidad y conveniencia del proyecto, la pueden realizar tanto la propia organización interesada en llevarlo a cabo como entes externos, generalmente aquellos de los cuales se desea que contribuyan a su financiamiento.

Dependiendo de la naturaleza y alcance del proyecto, la evaluación puede ser una tarea más o menos compleja. Una evaluación completa de un proyecto, especialmente de un proyecto de inversión o desarrollo, puede incluir los siguientes tipos de análisis:

- Evaluación técnica

- Evaluación económica

- Evaluación financiera

- Evaluación social

- Evaluación institucional

- Evaluación ambiental

Además de los tipos de evaluación mencionados, algunas instituciones financieras, particularmente organismos oficiales multilaterales, suelen exigir, en los proyectos que se someten a su consideración con fines de financiamiento por parte de ese ente, el análisis de los involucrados y el análisis de género. El análisis de los involucrados tiene por objeto identificar los interesados en el proyecto o que pueden ejercer alguna influencia sobre el mismo, con el objeto de determinar su grado de resistencia o aceptación al proyecto. El análisis de género generalmente tiene por objeto asegurar que en los beneficios del proyecto las mujeres no serán excluidas o discriminadas.

A. Evaluación técnica

La evaluación técnica tiene por objeto analizar la factibilidad técnica del proyecto e incluye la revisión de sus datos básicos (tamaño, localización, período de ejecución, tecnología), así como de las estimaciones de costos presentadas. La revisión debe determinar si todos los factores técnicos relevantes han sido tomados en cuenta, las opciones posibles han sido debidamente comparadas, los recursos disponibles se utilizarán de manera adecuada y los costos del proyecto han sido correctamente estimados.

B. Evaluación económica

La evaluación económica tiene por objeto comparar los beneficios económicos con los costos económicos requeridos para la ejecución del proyecto, con el objeto de determinar si vale la pena la inversión.

Para poder realizar la evaluación económica, todos los beneficios y los costos económicos del proyecto deben ser estimados y expresados en una misma base. En algunos casos esta estimación será un proceso bastante simple. En otros puede requerirse la intervención de economistas para incluir un análisis adecuado de las distorsiones de la economía, los costos de oportunidad, los efectos sobre la balanza de pagos, los pagos de transferencia y otros conceptos similares, lo que se ha dado en denominar "evaluación social de proyectos". En todo caso, la evaluación económica se basa normalmente en la estimación de la rentabilidad del proyecto, mediante el cálculo del valor actual neto, la tasa interna de retorno o la relación beneficio-costo.

Debido a la incertidumbre presente en la mayoría de las estimaciones de beneficios y costos económicos de un proyecto, la evaluación económica incluye generalmente un análisis de sensibilidad y riesgo, tomando en cuenta las variaciones posibles en los valores de los elementos básicos.

C. Evaluación financiera

La evaluación financiera tiene por objeto determinar si existirán los fondos necesarios para llevar a cabo el proyecto y si el mismo será capaz de generar ingresos suficientes como para recuperar los costos incurridos. El análisis financiero incluye consideraciones sobre la rentabilidad financiera del proyecto y su impacto sobre la situación financiera de la corporación que lo llevará a cabo, así como una revisión de las proyecciones financieras, los estados de resultados esperados, los cuadros de fuentes y usos de fondos, los presupuestos de ingresos y gastos y el plan de recuperación de la inversión.

D. Evaluación social

La evaluación social tiene por objeto revisar la validez de las hipótesis del proyecto respecto a las condiciones sociales de su entorno, determinar el grado de aceptación cultural del proyecto y analizar su impacto social. También se entiende por evaluación social de proyectos la evaluación económica de los mismos considerando los costos o beneficios pertinentes para la economía como un todo y no sólo los costos o beneficios pertinentes para la organización ejecutora; sin embargo, parece más conveniente considerar ésta como una forma de evaluación económica y reservar la expresión "evaluación social" para el análisis social propiamente dicho.

E. Evaluación institucional

La evaluación institucional tiene por objeto determinar la competencia legal y analizar la experiencia de la organización ejecutora para realizar el proyecto propuesto, incluyendo una revisión de su capacidad gerencial, de sus controles internos y de los problemas de coordinación con otras instituciones. En algunos casos, será necesario reforzar la capacidad institucional de la organización ejecutora o prever mecanismos de coordinación institucional antes de llevar a cabo un proyecto complejo. También puede requerirse la capacitación previa, técnica y administrativa, del personal que integrará la organización del proyecto.

F. Evaluación ambiental

La evaluación ambiental tiene por objeto identificar e interpretar, así como prevenir, las consecuencias o los efectos que el proyecto puede causar a la salud y el bienestar humano y a los ecosistemas en que el hombre vive y de los que depende. En muchos países se requiere la presentación de un estudio de impacto ambiental para todo proyecto de desarrollo, el cual debe incluir: descripción del proyecto y sus acciones; descripción del medio ambiente; descripción de las alternativas viables del proyecto; identificación de los impactos potenciales de la acción propuesta; definición de las medidas preventivas y/o mitigantes de los impactos potenciales previstos; y, cronograma de ejecución de las medidas de protección ambiental. El Banco Mundial y muchas otras instituciones financieras internacionales también exigen la presentación de estudios de impacto ambiental como requisito para la evaluación de proyectos.

GERENTE DEL PROYECTO

El gerente del proyecto es la persona nombrada por la organización ejecutante para lograr los objetivos del proyecto. El gerente del proyecto es, sin restarles méritos a los demás integrantes de la organización, el personaje clave en la ejecución del proyecto. El gerente del proyecto es el responsable de todos los aspectos del proyecto. Él no realiza directamente todas las actividades, pero es el responsable por que se realicen correctamente. Cuando el gerente del proyecto abdica su responsabilidad conductora, sobreviene el desastre.

A.   Responsabilidad del gerente de proyecto

La responsabilidad fundamental del gerente de proyectos es la de llevar a cabo el proyecto dentro de las exigencias de tiempo, costo y calidad. Además de esa responsabilidad general, el gerente del proyecto debe realizar algunas funciones o tareas específicas:

- Definir lo que se debe hacer en el proyecto para alcanzar los objetivos propuestos

- Decidir cuándo se debe realizar cada actividad

- Explicar porque se necesita cada actividad

- Determinar los fondos necesarios para ejecutar el proyecto

- Asegurar la asignación oportuna de los recursos necesarios en el proyecto

- Integrar las distintas actividades y promover la comunicación total y oportuna entre las personas del proyecto

- Evaluar lo bien que se ha realizado el trabajo en el proyecto

- Resolver los conflictos

- Representar el proyecto ante el cliente y ante las autoridades de la corporación

- Comunicar los resultados

El gerente de proyecto, como todo profesional, tiene también una responsabilidad ante su profesión y ante la sociedad. En particular, debe:

- Actuar con apego a valores éticos y con respeto a las leyes, normas y regulaciones aplicables a su trabajo

- Mejorar continuamente sus conocimientos, competencias y habilidades

- Procurar el bien común y la satisfacción de todos los interesados en cada proyecto que le corresponda dirigir

- Compartir con los miembros de su equipo y con los demás gerentes de proyecto las mejores prácticas y lecciones adquiridas en el ejercicio de su actividad

B. Competencias del gerente de proyecto

Como cualquier otro gerente, el gerente de proyectos debe poseer:

- Habilidades gerenciales o conceptuales, o capacidad de ver la empresa como un todo y entender la significación del proyecto en la misma

- Habilidades humanas, o capacidad de manejar efectivamente un grupo de personas

- Habilidades técnicas, o conocimiento de las tecnologías relacionadas con los proyectos que debe dirigir

El gerente del proyecto debe recibir suficiente autoridad para intervenir en las decisiones y formulación de políticas relativas al proyecto, organizar su equipo de trabajo, administrar los fondos del proyecto, controlar los plazos y costos de ejecución, seleccionar y supervisar los contratistas o subcontratistas del proyecto y manejar las relaciones externas del proyecto. Obviamente, no basta con que le sea otorgada oficialmente esa autoridad, ya que el gerente del proyecto, con su experiencia y prestigio, debe estar en capacidad de ejercerla, sobre todo en lo que se refiere a los miembros de su equipo de trabajo, debido a que normalmente carece de autoridad formal de línea sobre ellos. No necesita ser el mayor experto en la materia del proyecto, pero si debe entender el trabajo que se realiza, de manera de poder ganarse la confianza del equipo, particularmente si se trata de equipos que se destacan por su habilidad técnica.

El gerente del proyecto debe ser un líder de líderes. No puede actuar solo. Necesita que todos los miembros de la organización del proyecto se sientan también líderes. Debe escoger colaboradores competentes y darles libertad de acción. Como todo líder, debe influir con el ejemplo.

C. Tarea del gerente de proyecto

La tarea del gerente del proyecto es articular los valores de la organización del proyecto, crear un sistema en el cual la gente pueda ser productiva y explicar las metas que el sistema debe lograr. Debe respetar a la gente y aprovechar los valores de la cultura existente. Además, debe lograr el apoyo efectivo de la alta gerencia de la organización y servir de enlace entre esta gerencia corporativa, el equipo del proyecto y el cliente.

El gerente del proyecto debe prevenir las situaciones de crisis para que no ocurran, pero ante ellas debe actuar con decisión y firmeza, sin disimulos ni vacilaciones. La mayoría de los proyectos son procesos muy exigentes, de demandas constantes, fuertes presiones y frecuentes conflictos entre diferentes objetivos. Por ello, el gerente de proyectos debe poseer suficiente entereza de carácter y firmeza de voluntad para enfrentar situaciones difíciles.

Al gerente del proyecto le corresponde la difícil tarea de equilibrar:

- La ejecución del proyecto con la dinámica del entorno

- Las necesidades del proyecto con las necesidades de las personas integrantes del equipo

- El costo, la duración y la calidad del proyecto

- El sistema total y los diferentes subsistemas del proyecto

D. Selección del gerente de proyecto

La selección adecuada del gerente del proyecto es quizás la decisión más importante que debe tomar una empresa para asegurar los resultados deseados en un proyecto. Nunca se podrá encontrar el gerente perfecto, dotado de todas las condiciones necesarias de conocimientos, experiencia, integridad, pasión, visión, autenticidad, convicción y persistencia, entre muchas otras cualidades requeridas, por lo que será siempre obligatorio escoger el mejor candidato posible, de acuerdo con las exigencias de cada proyecto, dándole el apoyo necesario para que pueda hacer bien su trabajo.

La gerencia de proyectos constituye actualmente una especialidad profesional, de manera que la selección del gerente del proyecto no debe recaer en personas sin la experiencia adecuada en esta actividad. Los conocimientos técnicos relacionados con el proyecto son convenientes y hasta necesarios, pero no bastan para calificar a una persona como gerente del proyecto. Además de esos conocimientos y de las cualidades personales que hemos identificado, el gerente de proyectos debe formarse mediante el estudio de los principios y técnicas de la gerencia de proyectos, la participación como colaborador en proyectos bajo la conducción de gerentes experimentados que le sirvan de guía y ejemplo y la asunción de responsabilidades progresivas de proyectos cada vez más complejos y significativos. Este proceso de aprendizaje puede ser más corto o más prolongado dependiendo de las condiciones del individuo y de las oportunidades que se le presenten, pero debe cumplirse para poder asumir la responsabilidad de dirigir un proyecto mayor.

E. Dirección del equipo del proyecto

Un elemento clave para el éxito del proyecto son los factores humanos. De la comprensión por parte del gerente del proyecto de estos factores, de su reconocimiento del valor de la organización informal, de su preocupación sincera y respeto por la gente y de su comportamiento ético dependerá la buena marcha del proyecto. El gerente del proyecto debe servir de inspiración, como elemento dinamizador del proyecto, creando una fuerza de trabajo poderosa a su alrededor.

El gerente de proyecto exitoso muestra confianza en la integridad, habilidad y motivaciones de los miembros del equipo. Enfoca su principal atención hacia los aspectos humanos de los problemas de la gente a su cargo, fijando sólo metas generales de ejecución en lugar de tratar de mantener a las personas activamente ocupadas en llevar a cabo un ciclo de trabajo especificado de una forma prescrita. El gerente de proyecto efectivo tiene, además, un compromiso con la capacitación y desarrollo de las personas que trabajan en el proyecto.

MANEJO DE CONFLICTOS EN LOS PROYECTOS

Al implantar un proyecto, es decir al tratar de ejecutarlo, surge casi siempre una serie de dificultades que exceden las previsiones de la etapa de planificación. Las dificultades que emergen son mayores en la medida que el proyecto representa una mayor innovación o cambio respecto a proyectos o situaciones precedentes.

Existe una abundante literatura humorística sobre los problemas de ejecución de proyectos. Una de ellas es la que se refiere a "las leyes de la gerencia de proyectos":

- "Ningún proyecto termina a tiempo, dentro del presupuesto y con el mismo personal con el que comenzó. El suyo no será el primero"

- "Los proyectos progresan rápidamente hasta lograr 90% de avance, luego permanecen en 90% por siempre"

- "Una ventaja de los objetivos confusos del proyecto es que le evitan la engorrosa tarea de estimar los costos correspondientes"

- "Cuándo las cosas van bien, algo malo puede pasar. Cuándo no se pueden poner peor, lo harán. Cuando parecen ir mejor, usted ha omitido considerar algo"

- "Si al alcance del proyecto se le deja cambiar libremente, su tasa de cambio excederá la tasa de progreso"

- "Ningún sistema está libre de trampas. Los intentos por eliminar las trampas inevitablemente introducirán trampas nuevas"

- "Los equipos de proyecto detestan los reportes de progreso por que ponen en evidencia la falta de progreso"

- "Un proyecto planificado con descuido tomará para terminarlo tres veces más de lo esperado. Uno cuidadosamente planificado sólo tomará dos veces más".

Aunque parezcan exageradas, esas "leyes de la gerencia de proyectos" revelan muchas situaciones reales, que el gerente de proyecto debe prevenir y controlar. Entre las dificultades que suelen emerger al tratar de implantar un proyecto se encuentran las siguientes:

- La ejecución toma más tiempo que el previsto

- Surgen problemas mayores no identificados previamente

- La coordinación de las actividades no es lo suficientemente efectiva

- Otros proyectos y problemas de la empresa distraen la atención sobre el proyecto

- Las capacidades de las personas involucradas no son suficientemente adecuadas

- La capacitación del personal de menor nivel es inadecuada

- Factores incontrolables generan impactos adversos

En el ambiente de proyectos, los conflictos son inevitables. Las dificultades mencionadas pueden generar diversos tipos de conflictos:

- Conflictos sobre los plazos de ejecución

- Conflictos sobre el alcance del proyecto

- Conflictos sobre las prioridades del proyecto
- Conflictos sobre las personas asignadas
- Conflictos sobre asuntos técnicos
- Conflictos sobre procedimientos administrativos
- Conflictos de personalidad
- Conflictos sobre costos

Para prevenir las dificultades y conflictos propios de un proyecto, la gerencia del proyecto debe tomar algunas medidas que le faciliten una implantación efectiva del proyecto. Entre estas medidas preventivas están:

- Comunicación adecuada entre todos los participantes
- Concepción apropiada del proyecto
- Obtención del compromiso e involucramiento de la gente
- Dotación de recursos suficientes
- Desarrollo de un plan de implantación

Adicionalmente, el gerente del proyecto debe asegurar que:

- El alcance, tiempo y costo previstos para la ejecución del proyecto sean compatibles con las exigencias del mismo y la capacidad de las personas involucradas
- La planificación del proyecto considere todos los aspectos relevantes e incluya un análisis adecuado de los riesgos en la ejecución
- Existan mecanismos adecuados de coordinación tanto entre los integrantes del proyecto como con el resto de la empresa a la cual pertenecen
- Las capacidades y la formación del personal sean lo suficientemente adecuadas como para ejecutar con éxito el proyecto

- Las relaciones con el cliente sean lo más eficientes y transparentes que sea posible y las expectativas de éste se encuentren claramente definidas

- Los métodos, técnicas y procedimientos a emplear en el proyecto sean adecuados y esté debidamente verificada su idoneidad y calidad

Al manejar los conflictos, con la intención de resolverlos, lo primero que debe hacer el gerente del proyecto es separar los problemas de las personas. Cuando los problemas se pueden juzgar objetivamente, sin factores emocionales o intereses personales de por medio, es muy probable que sea relativamente fácil encontrarles una solución. Cuando las personas mismas son parte del problema, es necesario dialogar con ellas por separado, utilizando un mediador si es conveniente, hasta alcanzar una solución; si esto no funciona, en casos extremos será necesario reubicar o remover del proyecto a las personas conflictivas.

PROYECTOS EXITOSOS

Un proyecto exitoso es no sólo el que cumple con todos los requisitos de costo, tiempo y calidad establecidos, sino que lo hace a satisfacción de todos los actores en el proyecto: clientes, usuarios, equipo del proyecto, proveedores, financistas, entes reguladores oficiales, sindicatos, directivos de la empresa ejecutora del proyecto, etc. Satisfacer todos esos requisitos y expectativas es la difícil tarea que enfrenta el gerente al implantar un proyecto.

Las características que se encuentran de manera consistente en los proyectos exitosos de todos los sectores son las siguientes:

- Acuerdo entre el equipo del proyecto, los clientes y la dirección de la empresa en cuanto a las metas del proyecto

- Un plan que muestra una trayectoria general y responsabilidades claras que pueden ser usadas para medir el progreso durante la ejecución del proyecto

- Comunicación constante y efectiva entre todos los involucrados en el proyecto

- Un alcance controlado

- Apoyo de la dirección de la empresa

Otras recomendaciones generales para el éxito de un proyecto son las siguientes:

- Asignar los recursos adecuados

- Delegar la autoridad en el gerente del proyecto

- Mantener un clima organizacional positivo

- Mantener una documentación actualizada de acuerdo con la metodología de trabajo

- Controlar la ejecución

- Asegurar la aprobación de cambios y resultados parciales

- Efectuar un cierre ordenado

- Comprobar la satisfacción del cliente

En proyectos de desarrollo económico o social del sector público, será además necesario asegurar un amplio respaldo social al proyecto y garantizar que el mismo estará en capacidad de superar las restricciones del contexto institucional, los problemas financieros y los cambios políticos de funcionarios y de prioridades que suelen obstaculizar ese tipo de proyectos.

Las posibilidades de ejecutar un proyecto dentro del tiempo y el costo deseados se incrementan normalmente si su fase conceptual y su fase de definición se realizan correctamente, anticipando los riesgos y tomando las previsiones correspondientes.

MANEJO DE CAMBIOS

Aunque un proyecto haya sido bien planificado es muy probable que surjan imprevistos durante su ejecución, obligando a la realización de cambios en los planes. Si estos cambios son manejados correctamente y su pertinencia es aprobada oportunamente por el cliente, no deben constituir factores de conflicto. Por ello, la buena comunicación entre el gerente del proyecto y el cliente es indispensable para asegurar el éxito del proyecto.

En general, los cambios, con incidencia en el precio del contrato, pueden deberse a:

- Modificaciones de alcance, por cambios en las necesidades del cliente o del proyecto

- Incremento del costo de los recursos empleados en la ejecución del proyecto

- Cambios en las regulaciones o normas que afecten el proyecto en ejecución

- Necesidad para el contratista de efectuar actividades no previstas en el contrato o previstas a ser realizadas por el cliente.

- Extensión de la duración del proyecto, por razones no imputables al contratista.

Para el manejo adecuado de los cambios, sin que se conviertan en una fuente innecesaria de conflictos, es preciso establecer desde el principio un sistema adecuado para su procesamiento. Lo usual, sobre todo en proyectos mayores, es disponer dentro de la organización del proyecto de un administrador del contrato, una de cuyas principales funciones es la de preparar e introducir la solicitud de cambios necesarios ante el cliente, con la debida autorización del gerente del proyecto.

El manejo de cambios debe seguir usualmente el siguiente procedimiento:

- Identificación del problema (necesidad del cambio o reclamo)

- Evaluación de alternativas de solución

- Selección de la mejor alternativa u opción

- Preparación del cambio o reclamo

- Negociación con el cliente

- Ejecución del acuerdo

Durante la ejecución de un proyecto, las relaciones con el cliente deben estar reguladas por un contrato; sin embargo, es frecuente que esto se olvide y se acepten condiciones no estipuladas en el contrato, lo cual es motivo de dificultades y posibles pérdidas económicas, además de perturbar las relaciones con el cliente y entorpecer el procesamiento de reclamos justos. Todos los cambios que sean necesarios, con respecto a las condiciones iniciales del contrato, deben ser autorizados formalmente por las personas competentes para ello, antes de su ejecución, a fin de evitar cualquier inconveniente.

CAPITULO 7

PLANIFICACION ESTRATEGICA E IMPLEMENTACION

GERENCIA ESTRATEGICA

Por gerencia estratégica se entiende el proceso de formular, implantar y evaluar la estrategia de la empresa. Gerencia estratégica es sinónimo de administración estratégica y de dirección estratégica, pero no debe confundirse con planificación estratégica, ya que ésta forma parte de la gerencia estratégica y se refiere sólo a la formulación de la estrategia.

La gerencia estratégica se complementa y se relaciona con la gerencia operativa, pero se diferencia de ésta en cuanto atiende más a las necesidades de la empresa a mediano y largo plazo que a las necesidades de corto plazo propias de la gerencia operativa.

Los primeros intentos por definir enfoques o escuelas de gerencia estratégica comenzaron en la década de 1950 y se formalizaron a partir de la década de 1970. Los principales enfoques o escuelas de gerencia estratégica son los siguientes:

- Escuela de planificación estratégica. Concibe la creación de la estrategia como un proceso formal en el que se determinan las estrategias en función de las fortalezas y debilidades internas y de las oportunidades y amenazas externas

- Escuela de posicionamiento. Concibe la creación de estrategia como un proceso analítico de evaluación de la posición competitiva de la empresa dentro del sector al que pertenece

- Escuela empresarial. Concibe la creación de la estrategia como un proceso intuitivo con base en la visión del empresario o emprendedor

- Escuela de aprendizaje. Concibe la creación de estrategia como un proceso de aprendizaje con base en la experiencia

- Escuela ambiental. Concibe la creación de estrategia como un ajuste a las condiciones que impone el entorno o ambiente externo

- Escuela de la visión basada en recursos. Concibe la creación de estrategia como el desarrollo y el empleo flexible y eficiente de los recursos y capacidades de la empresa (conocimiento, líderes, habilidades, competencias, etc.)

Aunque la predominancia de uno u otro enfoque ha ido variando en el tiempo, casi todos ellos se utilizan con mayor o menor frecuencia, muchas veces de manera combinada. Sin embargo, se puede decir que el enfoque predominante en la actualidad –por lo menos en el ámbito académico- es el de la visión basada en recursos, que consiste en analizar las opciones reales que se le presentan a la empresa y emplear los recursos (liderazgo, conocimiento, competencias fundamentales, experiencia, aprendizaje, cultura, recursos humanos, etc.) con la mayor rapidez posible para aprovechar esas opciones, desarrollando nuevas habilidades y competencias de forma continua y manteniendo un ritmo de innovación constante.

GOBIERNO CORPORATIVO, ETICA Y RESPONSABILIDAD SOCIAL

La estrategia puede ser formulada en cualquier contexto empresarial, pero lo ideal es que la empresa posea un buen gobierno corporativo y actúe con ética y responsabilidad social.

El concepto de gobierno corporativo se refiere al conjunto de principios y normas que regulan el diseño, integración y funcionamiento de los órganos de gobierno de la empresa: los Accionistas, la Junta Directiva y los Directores Ejecutivos. Un buen gobierno corporativo provee los incentivos para proteger los intereses de la compañía y los accionistas, asegurar la creación de valor y hacer uso eficiente de los recursos, brindando una transparencia de información.

La ética es un conjunto de normas morales para juzgar si algo está bien o está mal. Las empresas, así como las personas, eligen entre bien y mal con base en su propio código moral. Los gerentes pueden influir en la ética de una compañía reconociendo los actos carentes de ética en la empresa y educando a los empleados para que apliquen la prueba de las tres preguntas (¿Es lícito?, ¿Es equitativo?, ¿Cómo me hace sentir?) cuando se enfrenten a dilemas éticos. Lamentablemente, muchos gerentes dan mal ejemplo y actúan de forma poco ética engañando a sus clientes y a los accionistas, extorsionando a los proveedores, irrespetando a los empleados e incumpliendo con las obligaciones legales de la empresa.

Hace falta medir el éxito en términos de los resultados que se obtienen no sólo para la empresa, sino para los demás. Lo que realmente se debe buscar es dejar una huella en el tiempo, ayudar a que las cosas buenas de la vida estén disponibles y al alcance de cada vez más personas.

La responsabilidad social es la preocupación que tienen las empresas por el bienestar de la sociedad y consta de obligaciones que van más allá de obtener una utilidad o cumplir con las leyes. Hoy día, la filantropía corporativa está pasando de la ayuda a grupos necesitados a las donaciones estratégicas, que guardan una relación más estrecha con la misión o las metas de la compañía y dirige los donativos a los lugares en los que opera.

MISION, VISION Y VALORES DE LA EMPRESA

Antes de iniciar el proceso de planificación estratégica, o como primera actividad de ese proceso, se debe realizar una clara definición o revisión de la misión y visión de la empresa.

A. Misión

La declaración de la misión de la empresa es una explicación de su "razón de ser". En esencia, constituye la respuesta a la pregunta: ¿Cuál es nuestro negocio?

La declaración de la misión es importante para dejar bien claros la naturaleza y el propósito de la empresa y resolver opiniones divergentes. Los elementos esenciales de la misión incluyen una definición clara de sus clientes, sus productos y servicios, los mercados en los que actúa y la filosofía o valores que practica y por los cuales desea ser reconocida la empresa.

El análisis de la misión de diversas empresas revela que no todas parecen enunciar su misión de manera clara y directa, si bien casi todas expresan –de manera bastante general- los sectores de mercado a los que está orientada su actividad. Los enunciados de misión incluyen frecuentemente expresiones que constituyen más bien aspiraciones de la empresa, tales como: "ser líderes en el mercado de ... ", "satisfacer a nuestros clientes", "prestar un excelente servicio", "ser rentables"; "actuar con integridad"; "ofrecer productos novedosos de alta calidad"; "ser el proveedor preferido de nuestros clientes"; "contribuir al desarrollo del país", etc. Entre los enunciados de misión más originales, que se apartan un poco del patrón anterior, está el de 3M: "Resolver problemas de manera innovadora".

B. Visión

Casi todas las empresas elaboran, además de la declaración de la misión, una declaración de la visión de la empresa. Esta declaración es una respuesta a la pregunta: ¿Qué queremos ser?

La declaración de la visión es importante para establecer los objetivos de la empresa a largo plazo y alinear a toda la organización en esa dirección. La declaración de la visión generalmente incluye el establecimiento de la posición que la empresa desea alcanzar a largo plazo y la definición del aporte que piensa hacer a la sociedad.

Como la declaración de misión suele ser una expresión de aspiraciones de la empresa se suele confundir con la visión y, en efecto, algunas empresas tienen declaraciones idénticas de su misión y su visión. Los enunciados de visión de la mayoría de las empresas incluyen frecuentemente expresiones tales como: "ser reconocidos por.... (innovación, calidad, responsabilidad social, rentabilidad, etc.)"; "satisfacer a nuestros clientes"; "ofrecer soluciones completas o integrales a nuestros clientes"; "generar valor para nuestros accionistas y clientes"; "actuar con eficiencia"; "respetar a ..."; "ser líderes..."; "actuar con integridad"; "ser el proveedor preferido de nuestros clientes"; etc.

Las declaraciones de misión y visión no sólo son importantes para crear una imagen favorable de la empresa. Si los empleados no tienen una idea clara del negocio y de los objetivos de la empresa, operarán en un contexto erróneo y no se lograrán los resultados deseados.

C. Valores

Algunas empresas, además de sus enunciados de misión y visión, establecen de manera explícita los valores o principios por los que desean regir sus actuaciones. Cuando lo hacen, la orientación al mercado y la satisfacción del cliente aparecen como los valores más frecuentes. Otros valores usualmente mencionados son: calidad, respeto, innovación, excelencia y trabajo en equipo.

Aunque no se puede generalizar, la impresión que dejan los enunciados de valores de muchas empresas es la de recoger una serie de conceptos que suenan bien pero que no necesariamente van acompañados de la voluntad para practicarlos y de acciones concretas para asegurar su cumplimiento en la empresa.

PLANIFICACION ESTRATEGICA

Muchas empresas establecen sus objetivos, metas y estrategias a través de procesos ordenados de planificación estratégica. La planificación estratégica comprende la definición de las acciones necesarias para pasar de la situación actual de la empresa a una situación deseada como objetivo.

A. Etapas de la planificación estratégica

Las etapas de los procesos de planificación estratégica suelen ser:

- Análisis externo

- Análisis interno

- Balance del análisis externo e interno

- Definición de los objetivos estratégicos

- Selección de las estrategias corporativas

Es importante reconocer que la planificación estratégica es dinámica y es un proceso que no termina. Las empresas deben estar constantemente evaluando sus estrategias y formulando nuevos planes estratégicos.

B. Principios de la planificación estratégica

Se han identificado los siguientes principios de la planificación estratégica:

- Factibilidad (lo que se planee debe ser realizable)

- Objetividad y cuantificación (cuando se planea es necesario basarse en datos reales y razonamientos precisos y exactos)

- Flexibilidad (al elaborar un plan, es conveniente establecer márgenes de holgura que permitan afrontar situaciones imprevistas)

- Unidad (todos los planes específicos de la empresa deben integrarse a un plan general)

- Dinamismo (cuando un plan se extiende en relación con el tiempo, será necesario rehacerlo completamente)

C. Errores de la planificación estratégica

Algunos errores comunes en los procesos de planificación estratégica son los siguientes:

- No contemplar la participación en el proceso de los trabajadores y demás actores de la empresa: accionistas, clientes, asociados y proveedores. Algunas empresas delegan la planificación estratégica en un grupo de planificación, a veces formado por consultores externos, sin darse cuenta de que un plan resulta mejor y más fácil de implantar cuando en su formulación han intervenido los actores clave de la empresa

- Convertirlo en un proceso rutinario y poco creativo. A veces, las empresas transforman sus procesos de planificación estratégica en procedimientos tediosos, que consumen demasiado tiempo, y terminan siendo más "tácticos" que "estratégicos"

- Orientarlo hacia la producción de planes rígidos y demasiado detallados. Los planes estratégicos tradicionales han sido documentos muy elaborados que pretenden convertirse en una norma de acción para cada actividad de la empresa, sin tomar en cuenta que la incertidumbre del entorno muy probablemente hará necesario modificarlos si no se quiere que fracasen

- No comunicar el plan a los empleados. No tiene sentido mantener en secreto el plan estratégico, sin comunicarlo a los empleados que deben haber participado en su elaboración y cuya colaboración es indispensable para el logro de los objetivos de la empresa, pero ésta suele ser una práctica frecuente en muchas empresas, con un sentido exagerado de la confidencialidad

- Suponer que una pequeña o mediana empresa no requiere de planificación estratégica. Aunque es probable que una pequeña o mediana empresa esté limitada en cuanto a sus posibilidades de acción, por la falta de disponibilidad de suficientes recursos, no por ello deja de necesitar de procesos de planificación estratégica adaptados a sus posibilidades y necesidades.

ANALISIS EXTERNO

El análisis externo se centra en la identificación y evaluación de las tendencias que están más allá del control de la empresa e incluye el análisis ambiental o análisis del entorno y el análisis de la industria a la que pertenece la empresa.

El entorno o ambiente de la empresa es el conjunto de circunstancias especiales que acompañan o rodean la situación o estado de la empresa.

El análisis del entorno incluye la consideración de las principales fuerzas económicas, sociales, culturales, demográficas, ambientales, políticas, gubernamentales, legales, tecnológicas y competitivas que pueden influir en la gestión de la empresa.

El entorno de la empresa tiene sus particularidades de acuerdo con la naturaleza, los países y el sector en que se desempeñe la organización, pero todas las empresas en el mundo están afectadas hoy por las tendencias de cambio acelerado, globalización, revolución informática y predominio de altas tecnologías.

Una característica resaltante de los tiempos actuales es la rápida variación de las condiciones políticas, económicas, sociales y tecnológicas del entorno. En particular, los importantes cambios políticos que ocurrieron en las últimas décadas del siglo XX, destacando la caída del comunismo como sistema económico, han precipitado el derrumbe de las barreras en la economía y una marcada tendencia hacia la globalización de los negocios. Por otra parte, el crecimiento de la tecnología de la información ha sido verdaderamente explosivo y muchos consideran que se trata de una auténtica revolución que está ejerciendo su influencia no sólo en las empresas sino en casi todas las esferas de nuestras vidas. Los grandes cambios tecnológicos no se limitan a la tecnología de la información, sino que cada vez surgen nuevas tecnologías y equipos que modifican y mejoran radicalmente los procesos de producción en las empresas.

Esas y otras tendencias relevantes tienen que ser tomadas en cuenta por las empresas en su proceso de planificación estratégica, para determinar de qué manera las afectan y como pueden aprovecharse de ellas. En muchos casos, en el proceso de planificación estratégica deben imaginarse o construirse distintos escenarios o caracterizaciones futuras del entorno analizado, como resultado de las tendencias y de los cambios probables. Este proceso de construcción de escenarios supone la simulación del ambiente futuro y el pronóstico de los eventos más probables, más desfavorables y más favorables.

Como resultado del análisis del entorno, se deben determinar las oportunidades y amenazas que éste ofrece a la empresa:

• Las *oportunidades* son las posibilidades que ofrece un mercado determinado (medidas proteccionistas, abundancia y bajo costo de materias primas, segmentos de mercado no explotados, etc.)

• Las *amenazas* son los factores que limitan esas oportunidades (la competencia, las regulaciones, la incertidumbre política, la inseguridad jurídica, los cambios en los gustos del consumidor y otras condiciones limitantes)

Algunas de las técnicas usualmente empleadas en el análisis externo son las siguientes:

• Análisis de tendencias. La aplicación de esta técnica consiste en la identificación y el análisis de las principales tendencias en el ambiente externo con influencia sobre el futuro de la empresa. Una limitación obvia de esta técnica es que supone que las tendencias observadas se mantendrán y caracterizarán al futuro, aunque sabemos que el futuro tiende a ser más bien incierto y difícil de predecir.

- Simulación o análisis de escenarios. Esta técnica supone la simulación del ambiente futuro y la predicción de los eventos más probables, más favorables y más desfavorables, así como el pronóstico de las acciones de los competidores, el impacto potencial de esas acciones sobre la empresa que realiza el análisis y la respuesta de la empresa.

- Análisis de los siete factores. Esta técnica incluye una revisión de: (1) Mercados y consumidores; (2) Competencia; (3) Economía; (4) Gobierno y regulación; (5) Factores sociales y demográficos; (6) Tecnología; (7) Factores de producción. El resultado de esta evaluación se puede presentar en una matriz de evaluación del factor externo (EFE), en la que se identifican las principales oportunidades y amenazas asociadas con los factores analizados y se les asigna un peso relativo para destacar su grado de importancia para la empresa, y en una matriz de perfil competitivo (MPC), en la que se identifican las fortalezas y debilidades específicas de los principales competidores de la empresa.

- Análisis de fuerzas en la industria o sector. Esta técnica, propuesta por el profesor Michael Porter, de la Universidad de Harvard, incluye un análisis combinado de las siguientes fuerzas: (1) Competidores (rivalidad entre empresas existentes); (2) Entrantes potenciales (amenaza de nuevos entrantes); (3) Posibles sustitutos (amenaza de productos o servicios sustitutivos); (4) Compradores (poder de negociación); (5) Proveedores (poder de negociación)

ANALISIS INTERNO

El análisis interno u análisis organizacional se centra en la identificación y la evaluación de las fortalezas y las debilidades de una empresa en todas sus áreas funcionales (dirección, mercadeo, finanzas, operaciones, investigación y desarrollo e informática) y en las relaciones entre esas áreas:

- Las fortalezas son las capacidades especiales o ventajas competitivas de la empresa en un mercado y las condiciones internas favorables a procesos de cambio

- Las debilidades son las desventajas o aspectos deficientes de la empresa con relación a la competencia y las necesidades de ese mercado y las barreras internas al cambio

Algunas de las técnicas usualmente empleadas en el análisis interno son las siguientes:

- Diagnóstico de la organización. Esta técnica incluye la determinación de las presiones internas para el cambio y de las barreras internas para el cambio

- Análisis de las funciones clave del negocio. Esta técnica incluye generalmente una revisión de las siguientes funciones o elementos de la empresa: líneas de productos; fuerza de ventas; servicios y tiendas minoristas; canales de distribución; oficinas sucursales; unidades geográficas

- Modelo de la cadena de valor. La cadena de valor está conformada por una serie de actividades primarias o etapas de agregación de valor, de aplicación general en los procesos productivos (logística de entrada, operaciones, distribución y logística de salida, mercadeo y ventas y servicio pos- venta), complementadas por actividades de soporte (dirección, finanzas, recursos humanos, tecnología, procura)

- Modelo de las 7S o de Mc Kinsey. Esta técnica incluye una revisión de siete componentes de la organización: (1) Estrategia (Strategy); (2) Estructura (Structure); (3) Sistemas (Systems); (4) Gente (Staff); (5) Capacidades (Skills); (6) Estilo de dirección (Style); (7) Cultura (Super- Ordinate Goals)

- Mejoramiento de procesos. La aplicación de esta técnica supone dar respuesta, entre otras, a estas interrogantes: ¿Qué hacemos? ¿Por qué lo hacemos? ¿Para quién lo hacemos? ¿Conocemos los requerimientos de nuestros clientes? ¿Cómo lo hacemos? ¿Hay otros que lo hacen mejor? ¿Cómo podemos hacerlo mejor? ¿Cuán bien podemos hacerlo? ¿Cómo tendremos éxito? ¿Estará satisfecho nuestro cliente?

- Matriz de importancia- desempeño. Esta técnica tiene por objeto la determinación del grado en el que la empresa satisface las necesidades y expectativas de los clientes, tomando en cuenta los factores que el cliente valora cuando toma una decisión de compra y lo bien que la empresa responde a esos valores en relación con la competencia

- Posicionamiento competitivo. La aplicación de esta técnica supone identificar la posición relativa ante la competencia del producto o servicio ofrecido por la empresa de acuerdo con la percepción de los consumidores

- Análisis de portafolio. La aplicación de esta técnica que combina aspectos de análisis externo e interno, desarrollada por la compañía General Electric y la firma consultora Mc Kinsey, supone la determinación de la posición estratégica de los productos o servicios actuales o futuros de la empresa de acuerdo con el atractivo del mercado y las fortalezas propias de la empresa o su habilidad para competir.

- Competencias esenciales. La aplicación de esta técnica supone la determinación de los recursos y capacidades que le proporcionan a la empresa ventajas competitivas. Este es un enfoque que cada vez gana mayor reconocimiento como técnica de análisis interno de la empresa.

ESTRATEGIA CORPORATIVA

La estrategia es el conjunto de actividades ordenadas que deben ser cumplidas a objeto de que la empresa logre sus objetivos y metas.

La estrategia de las empresas, en términos generales, consiste en decidir:

- Las oportunidades que éstas desean aprovechar

- Los riesgos que están dispuestas a aceptar

- El balance adecuado entre diversificación, especialización e integración

- La utilización de fusiones, adquisiciones y alianzas estratégicas para obtener sus metas

- La venta o eliminación de líneas de negocio menos rentables

- La estructura organizativa más adecuada para sus fines

La formulación de las estrategias se facilita con la elaboración de una matriz tipo FODA (fortalezas- oportunidades- debilidades-amenazas), aprovechando los resultados del análisis estratégico realizado, externo e interno. En una matriz de este tipo las fortalezas y debilidades suelen disponerse como columnas y las oportunidades y amenazas como filas de la matriz o tabla. Una matriz de este tipo permite definir estrategias para aprovechar las oportunidades y enfrentar las amenazas haciendo uso de las fortalezas y superando las debilidades.

Una vez determinadas las oportunidades y las amenazas del entorno y las fortalezas y debilidades relativas de la empresa, se realiza un balance del análisis del entorno y de los recursos y, a partir de éste, una definición de los objetivos estratégicos (financieros, productivos, comerciales, tecnológicos, recursos humanos, ambientales). Los objetivos estratégicos deben corresponderse con las aspiraciones generales de la empresa, expresadas en su misión y visión, deben ser formulados sobre bases reales de manera que resulten factibles y deben ser compatibles y coherentes entre ellos.

Por último, para alcanzar cada gran objetivo estratégico se desarrollan y ejecutan un conjunto de estrategias corporativas globales (crecimiento, diversificación, cambio, desarrollo, etc.) que tengan por objeto aprovechar las fortalezas y las oportunidades y superar las debilidades y amenazas de la empresa.

ALTERNATIVAS A LA PLANIFICACION ESTRATEGICA

Las características de incertidumbre, discontinuidad en los cambios y dificultad para predecir el entorno actual obligan a la flexibilidad en la planificación y al reconocimiento de la imposibilidad de reducir la incertidumbre a través de este proceso. Un enfoque alternativo al proceso ordenado de planificación estratégica es el llamado enfoque experimental, el cual se caracteriza por adoptar una variedad de estrategias, manteniendo las que tienen éxito y descartando las que no lo tienen, a medida que se avanza en la implementación. Este enfoque depende más de decisiones secuenciales que de la formulación de escenarios como se acostumbra en la planificación estratégica tradicional.

La necesaria flexibilidad en la actuación de la empresa, ante la naturaleza cambiante del entorno, ha provocado que algunos autores prefieran hablar de pensamiento estratégico que de planificación estratégica, para destacar que es muy difícil actuar conforme a un verdadero plan estratégico y, en la práctica, los gerentes deben utilizar su criterio para decidir frente a las distintas opciones reales que se les presentan. El pensamiento estratégico sigue requiriendo del análisis externo, del análisis interno y de la definición de objetivos estratégicos, pero estos procesos se realizan de manera mucho más dinámica y rápida, de acuerdo con las circunstancias.

SELECCION DE LA ESTRATEGIA

Al elaborar su estrategia, bien sea mediante un proceso ordenado de planificación o un proceso más intuitivo y empírico, las empresas deben definir cuáles van a ser sus ventajas competitivas, es decir de qué manera van a superar a sus competidores en la lucha por un mercado o por un segmento determinado del mercado.

Las principales estrategias entre las que pueden elegir las empresas, denominadas también estrategias genéricas, son:

- Precio bajo (algunas empresas optan por ofrecer sus productos o servicios a un precio más bajo que el de sus competidores, lo cual las obliga a ser más eficientes y tener costos más bajos de producción)

- Diferenciación (otras empresas intentan diferenciarse de sus competidores, creando nuevos productos o servicios o haciendo las cosas de manera distinta)

- Enfoque o especialización (por último, otras intentan especializarse en un segmento o nicho de mercado, el cual consideren poco explotado o en el que piensen que pueden tener ventajas sobre sus competidores)

La diferenciación es quizás la vía más efectiva para competir con éxito, pues es muy difícil mantenerse por mucho tiempo como el productor de costo más bajo en un mercado o explotar un nicho de mercado en el que no incursionen otros. Una empresa puede superar a sus rivales solamente si puede establecer una diferencia que pueda preservar, por lo que la esencia de la estrategia es realizar actividades de una manera diferente a cómo la realizan sus rivales.

Las diferencias entre las empresas resultan de la innovación. Por ello, cada día cobra más importancia la innovación como fuente de ventaja competitiva para las empresas. La innovación no se limita a crear nuevos productos o negocios sino que llega hasta tratar de crear nuevas reglas de juego para un mercado o industria que favorezcan a la empresa innovadora.

Además de ser más eficientes en costos, diferenciarse o especializarse, consideradas como estrategias genéricas, las empresas pueden escoger entre otras estrategias competitivas:

- Estrategias de integración

- Estrategias de diversificación

- Estrategias de disuasión

- Estrategias ofensivas

- Estrategias defensivas

- Estrategias de cooperación o alianzas

- Estrategias de internacionalización

Estos distintos tipos de estrategia pueden relacionarse con una matriz tipo FODA de la manera siguiente:

- Estrategias para aprovechar las oportunidades y fortalezas: Estrategias genéricas/ integración/ diversificación/ internacionalización

- Estrategias para superar las amenazas aprovechando las fortalezas: Estrategias de disuasión/ ofensivas

- Estrategias para aprovechar las oportunidades superando las debilidades: Estrategias de cooperación o alianzas

- Estrategias para protegerse de las amenazas y debilidades: Estrategias defensivas

Veamos a continuación las principales características y consideraciones en relación con cada uno de esos tipos de estrategias.

A. Estrategias de integración

Las estrategias de integración tienen por objeto aumentar el control sobre los distribuidores, los proveedores y la competencia. Se distingue entre:

- Integración hacia delante (aumentar el control sobre los distribuidores o detallistas)

- Integración hacia atrás (aumentar el control sobre los proveedores o adquirir el dominio de los insumos)

- Integración horizontal (adquirir el dominio o una mayor cantidad de acciones de una empresa)

B. Estrategias de diversificación

Las estrategias de diversificación tienen por objeto sumar productos o servicios nuevos. Las estrategias de diversificación están perdiendo su popularidad porque las empresas han aprendido que es mejor concentrarse en lo que saben hacer bien que tratar de incursionar en negocios diversos. En todo caso, se suele preferir una estrategia de diversificación relacionada, es decir incursionando en negocios, productos o servicios que posean algunas características comunes.

El análisis de portafolio, que vimos al discutir el proceso de análisis interno, puede ser útil para definir la estrategia de diversificación, determinando la posición estratégica de los productos o servicios actuales o futuros de la empresa de acuerdo con el atractivo del mercado y las fortalezas propias de la empresa o su habilidad para competir. Otros análisis similares o matrices de portafolio incluyen:

- La matriz de crecimiento del mercado y participación del negocio, propuesta por el Boston Consulting Group, en la que se ubican los productos y servicios de la empresa de acuerdo con la tasa de crecimiento del mercado en el que están presentes y su participación en ese mercado

- La matriz de ciclo de vida, en la que se representa la posición competitiva (dominante, fuerte, favorable, sostenible o débil) donde se encuentra la empresa en relación con la etapa de evolución de la industria a la cual pertenece (incipiente, crecimiento, evolución, madurez o declinación)

- La matriz de rentabilidad, en la que se comparan los distintos negocios, productos o servicios teniendo como ejes el diferencial de rentabilidad y la participación de mercado.

Obviamente, los negocios, productos o servicios de mayor interés para la empresa son aquellos en los que cuenta con una mejor posición estratégica (por sus fortalezas propias o su habilidad para competir, su participación de mercado, su posición competitiva y su rentabilidad) y los mercados están en una fase de crecimiento.

C. Estrategias de disuasión

Las estrategias de disuasión tienen por objeto establecer barreras que impidan la entrada de nuevos competidores. Estas estrategias pueden incluir acciones tales como:

- Inversiones muy altas en publicidad o en instalaciones y equipos

- Fortalecimiento financiero

- Desarrollo de nuevas tecnologías

D. Estrategias ofensivas

Las estrategias ofensivas tienen por objeto eliminar o debilitar la competencia. Ejemplos de estrategias ofensivas son:

- Ofrecimiento de productos similares a los de los competidores, con menor precio o mayor calidad

- Penetración agresiva en segmentos del mercado poco atendidos por los competidores establecidos

- Establecimiento de plantas cerca de los mercados

- Adquisición de control sobre las materias primas y otros suministros de la competencia o sobre los canales de distribución de la competencia

E. Estrategias defensivas

Las estrategias defensivas tienen por objeto responder a ataques de los competidores. Las estrategias defensivas incluyen:

- Defensa de la posición (reducción de precios, inversión en publicidad, mercadeo, mejora de la calidad, etc.)

- Innovación (introducción de nuevos productos o variaciones de productos)

- Agresión al oponente en otro mercado

- Realización de ataques preventivos

- Reposicionamiento (cambio de segmento de mercado)

- Contraofensivas

- Recorte de gastos

- Venta de partes de la empresa

- Liquidación o salida del mercado

F. Estrategias cooperativas o alianzas

Las estrategias cooperativas o alianzas tienen por objeto combinar esfuerzos para competir con mayor efectividad. Las alianzas estratégicas incluyen acuerdos de colaboración con otras empresas, creación de empresas conjuntas, fusiones, intercambio de licencias y uso de subcontratistas. Mediante las alianzas estratégicas las empresas pueden disponer de habilidades y recursos que no posean y mejorar así su capacidad para competir tanto en los mercados locales como en el ámbito internacional.

Ejemplos de estrategias cooperativas o alianzas son:

- El intercambio de licencias

- Los acuerdos de mercadeo conjunto

- La manufactura de productos por encargo de otra empresa

- La celebración de convenios de largo plazo para la obtención de insumos

- La formación de consorcios

- Los convenios de investigación conjunta

- Las franquicias

- La creación de empresas conjuntas o de riesgo compartido (joint venture)

- Las fusiones

Para que una alianza tenga sentido y posibilidades de éxito es necesario que exista compatibilidad "química", estratégica y operacional entre los aliados. Los factores claves son la selección del aliado y el compromiso de la alta gerencia. El desarrollo de las alianzas es generalmente difícil y uno de los mayores riesgos es el exceso de optimismo.

Las alianzas deben ser diseñadas previamente, mediante un proceso iterativo que incluye:

- Definición de la estrategia

- Análisis cuantitativo de la alianza

- Negociaciones preliminares

- Planificación de las operaciones

- Estructuración

- Gerencia de la alianza

Los aliados deben entender bien sus respectivos objetivos y los objetivos de la alianza, acordar como se manejará ésta, decidir cuál de los aliados la dirigirá, ajustar sus respectivas estructuras para relacionarse con la nueva alianza y establecer los métodos para resolver desacuerdos. Las alianzas duraderas sólo pueden construirse con base en la colaboración y el compromiso para el beneficio mutuo de los aliados.

El éxito de una alianza no debe medirse sólo en términos financieros, sino en su potencial para incrementar el mercado, mejorar la capacidad organizativa y de innovación y desarrollar ventajas competitivas para cada uno de los aliados.

G.   Estrategias de internacionalización

Aunque la expansión internacional de sus operaciones parece una tarea difícil para algunas empresas, los beneficios y las oportunidades asociados a esa expansión son muchos. No solamente hay oportunidades de negocios, sino oportunidades para mejorar su calidad y eficiencia y un potencial enorme para descubrir e implementar nuevas tecnologías e innovaciones. La expansión internacional reduce los costos porque al aumentar el volumen se realizan economías de escala. La presencia en mercados más exigentes le ayuda a una empresa a mejorar la calidad de sus productos. La participación en el mercado global puede aumentar la preferencia de los clientes globales a causa de su disponibilidad, servicio y reconocimiento globales. Un enfoque de estrategia global aumenta la eficacia competitiva.

A pesar de sus múltiples beneficios, la expansión del espacio geográfico a través de fronteras es muy probable que haga aumentar los costos de coordinación y se generen costos de barreras comerciales, de transporte y arancelarias; por otra parte, es posible que ocurra una pérdida de concentración en el cliente, por la necesidad de atender una base muy amplia y diversa de clientes. Adicionalmente, aunque el entorno globalizado de los negocios brinda muchas oportunidades, está menos protegido y conlleva muchos más riesgos, lo cual exige un análisis más detallado del entorno político, jurídico, económico, social y cultural de todos los países en los cuales se piensa desarrollar actividades.

En general, las empresas no deben incursionar en países con bajo potencial de crecimiento del negocio, si no se tienen ventajas competitivas especiales. Si tienen esas ventajas, se deben aprovechar al máximo esos mercados para generar y suministrar fondos que permitan incursionar en países con alto potencial de crecimiento del negocio, donde puede haber mayores riesgos. Distintos países pueden desempeñar diferentes papeles estratégicos como parte de una estrategia global total.

Aunque en última instancia es la competitividad de una empresa la que determinará su éxito en los mercados internacionales, las empresas globales pueden beneficiarse al definir sus estrategias aprovechando las ventajas competitivas de las naciones en las que operan. La competitividad de una nación, en una determinada industria o sector de actividad económica, se ve favorecida si en el país prevalecen condiciones adecuadas de estrategia de las empresas y estructura de la industria y si existe una importante rivalidad o competencia interna. También contribuye a la competitividad de una industria en una nación la facilidad de acceso a las materias primas necesarias y la disponibilidad de mano de obra calificada, infraestructura y tecnología. Es además conveniente la existencia de una importante demanda local y de exigentes expectativas de los consumidores. Por otra parte, es de gran ayuda la presencia de adecuadas industrias relacionadas y de apoyo a la industria o sector de actividad económica en cuestión.

La expansión internacional se basa en información. Conocer como aprender a actuar en el mercado global es lo que permite a una empresa tener éxito en esta estrategia. Las empresas necesitan romper con los esquemas mentales a los que están acostumbrados en su mercado local, desarrollar la capacidad en su sede de manejar negocios internacionales, invertir en el desarrollo de capacidades gerenciales en sus unidades en el extranjero, compararse con los mejores y aprender de ellos y tener la confianza necesaria para confrontarlos y desafiarlos.

ESTRATEGIAS FUNCIONALES

Las estrategias que adopte la empresa para lograr sus objetivos deben traducirse en estrategias funcionales o estrategias particulares para cada función de la empresa que coadyuven al éxito de las estrategias generales de negocios. Es así que la empresa debe definir estrategias funcionales de:

- Finanzas
- Mercadeo
- Operaciones
- Recursos humanos
- Tecnología

IMPLEMENTACION DE LA ESTRATEGIA

La implementación de la estrategia, que es una tarea continua, es responsabilidad del principal ejecutivo de la empresa, aunque éste la comparta con todos los demás directores y gerentes.

La implementación de la estrategia de la empresa, además de ciertas acciones específicas propias de la estrategia adoptada, supone el ajuste de la estrategia con los demás componentes de la organización. Ese ajuste resulta de la necesidad de considerar a la empresa como un sistema, es decir como un conjunto de componentes interdependientes que deben interactuar entre sí para el logro de los objetivos. Además de la estrategia, de acuerdo con el modelo de las 7S o modelo de McKInsey, se suelen reconocer los siguientes componentes de la organización:

- Estructura organizativa

- Gente)

- Tecnología

- Competencias esenciales

- Cultura corporativa

- Estilo de dirección

Todos estos componentes deben ser ajustados, de manera de hacerlos compatibles con la estrategia deseada.

EVALUACION DE LA ESTRATEGIA

Muchas empresas se limitan a medir y evaluar su desempeño, sin evaluar en qué medida las estrategias que se adoptaron resultaron verdaderamente eficaces. Es posible que un buen desempeño se deba a circunstancias fortuitas más que a estrategias correctas o, por el contrario, que un mal desempeño se deba a circunstancias adversas imprevistas más que a estrategias incorrectas. Por ello, las empresas deben tratar de evaluar, en la medida de lo posible, si las estrategias que adoptaron eran correctas y, más importante aún, si esas estrategias siguen siendo adecuadas ante los cambios previsibles o, por el contrario, necesitan ser revisadas.

En general, la evaluación de la estrategia supone revisar periódicamente el entorno, la situación interna y los resultados de la empresa, con el objeto de determinar si se requiere una revisión de la estrategia de la empresa. En la medida en la que se observen más cambios en el entorno y en la situación interna de la empresa y los resultados de la empresa difieran más de lo esperado, más necesaria será una revisión de la estrategia de la empresa.

Los criterios para determinar si una estrategia es correcta consisten en verificar si:

- Permite la creación o mantenimiento de una ventaja competitiva

- Representa una respuesta adaptable al medio externo y a los cambios críticos que ocurren en él

- Presenta metas y políticas consistentes entre sí

- Puede llevarse a cabo con los recursos disponibles

CONTROL DE LA EMPRESA

La dirección de una empresa supone, en primer lugar, la existencia de objetivos y metas hacia las cuales se debe guiar la acción de la empresa. Además, es necesario algún sistema de control que permita que las actividades reales se ajusten a las planificadas.

Los elementos esenciales de cualquier sistema de control son:

- Una meta, plan, política, estándar, norma, regla de decisión, criterio o punto de comparación predeterminados

- Un medio para medir la actividad real (cuantitativamente sí es posible)

- Un medio de comparar la actividad real con un criterio

- Algunos medios de corregir la actividad real para obtener el resultado deseado

El pensamiento gerencial moderno hace menos énfasis en el control, sobre todo en el control detallado que supone una intervención excesiva en las operaciones de la organización. Se recomienda descentralizar al máximo la autoridad y la responsabilidad en las organizaciones, manteniendo un estricto control financiero central, y concentrar el esfuerzo de control en los resultados y en el desempeño de la organización.

En muchas empresas, el control se suele concentrar en sus resultados financieros. La comparación de los objetivos de ventas, márgenes de operación y ganancias con los resultados reales alcanzados constituyen una rutina mensual o trimestral a la que se le dedica mucho esfuerzo en la mayoría de las organizaciones.

En las empresas de capital abierto, con acciones que se compran y venden libremente en el mercado de valores, el precio de la acción suele ser el indicador fundamental o punto de comparación para evaluar el desempeño de la empresa. También se emplean otras medidas, como el EVA (valor económico agregado o diferencia entre las ganancias operacionales de la empresa en un año y el costo de todo el capital de la empresa en el mismo año) o el MVA (valor de mercado agregado o diferencia entre el valor de mercado del patrimonio actual de la empresa y el capital suministrado por los inversionistas), para determinar las ganancias de los accionistas.

Al ejercer el control financiero sobre las diferentes unidades organizativas, los directores deben diferenciar si se trata de centros de ingresos, centros de gastos, centros de utilidades o centros de inversión, pues la responsabilidad de cada uno de esos tipos de unidades debe exigirse de acuerdo con la función financiera que tiene en la empresa.

Pero los gerentes no sólo se deben preocupar por los resultados financieros y por incrementar las ganancias de los accionistas, ya que existen otras áreas que es necesario evaluar para medir el desempeño de una organización. El cuadro de mando integral o balanced scorecard, una de las técnicas disponibles para el control integral de una empresa, utiliza indicadores de desempeño desde cuatro perspectivas:

- Finanzas (accionistas)

- Clientes

- Procesos internos

- Aprendizaje y cambio

La elaboración del cuadro de mando integral o *balanced scorecard* para una empresa, supone la construcción de un árbol estratégico o diagrama causa- efecto, estableciendo las relaciones causales entre las estrategias correspondientes a las distintas perspectivas, generalmente mediante la secuencia: aprendizaje y cambio — procesos internos — clientes — finanzas (accionistas).

CONTROL DE EMPRESAS MULTINACIONALES O GLOBALES

En la gestión de empresas multinacionales, es necesario definir el control que debe ejercer la casa matriz sobre el conjunto de sus filiales. Se distingue entre empresas con sistemas de control abiertos (mayor descentralización) y empresas con sistemas de control cerrados (mayor centralización).

Los mecanismos que integran el proceso de control multinacional son los siguientes:

- La definición de metas concretas y precisas a ser alcanzadas por cada filial

- El establecimiento de instrumentos para medir el desempeño

- La comparación de los resultados obtenidos con los planificados

- La corrección de las desviaciones

La tendencia en las empresas globales es mantener sólo un control general de los resultados en sus actividades en cada país o región, proporcionándole a la gerencia local objetivos, dirección y metas y permitiéndole libertad de ejecución. La actividad global requiere de autonomía en el manejo de activos y personas dispersas en los países, apoyada por los instrumentos de control estratégico y financiero centrales.

PENSAMIENTO ESTRATEGICO

El pensamiento estratégico es la capacidad del gerente de saber discernir lo más adecuado para una organización particular.

No existe consenso entre los distintos autores sobre la naturaleza exacta del pensamiento estratégico. Para unos, el pensamiento estratégico es un proceso analítico, mientras que para otros es un proceso creativo. Por otra parte, para unos es un proceso limitado a la formulación de la estrategia de la empresa, mientras que para otros tiene que ver, en general, con la solución de problemas y la toma de decisiones más convenientes para la empresa.

Al margen de esa discusión, podemos establecer que el pensamiento estratégico incluye las habilidades de:

- Generar nuevos modelos de negocio

- Anticipar posibles situaciones y prepararse para ellas

- Entender las relaciones entre todos los elementos de la empresa

- Valorar el impacto de las decisiones en la organización

- Identificar tendencias y relaciones complejas causa- efecto

- Aprender del pasado

El pensamiento estratégico se puede desarrollar participando en los procesos de formulación y evaluación de la estrategia de la empresa, pero consiste sobre todo en una actitud permanente de analizar los problemas y las oportunidades bajo una perspectiva global.

El pensamiento estratégico, por su naturaleza, debe ser sistémico; es decir, debe basarse en una visión integral de la organización. Pensar estratégicamente supone, para cualquier gerente, pensar cómo debería hacerlo el más alto ejecutivo de la organización.

Los líderes deben desarrollar su capacidad de pensamiento integrador, rechazando la simplicidad y la certeza de que resulta del pensamiento convencional de "una cosa o la otra" para encontrar nuevas soluciones a los problemas.

CAPITULO 8

ELABORACION DE UN PLAN DE NEGOCIO

CONCEPTO E IMPORTANCIA DEL PLAN DE NEGOCIO

Un plan de negocio es un documento de análisis para la toma de decisiones sobre cómo llevar a la práctica una idea, iniciativa o proyecto de negocio. En este documento se debe presentar con detalle el desarrollo y seguimiento de una oportunidad de negocios, usualmente para ser presentado a instituciones, bancos y socios.

Un plan de negocio es indispensable para respaldar una solicitud de préstamo que permita iniciar una pequeña empresa, pero es mucho más que eso: es una guía para ayudar al empresario a definir y alcanzar sus metas. El plan de negocio muestra hacia donde irá una empresa, cómo llegará allí y como será cuando llegue.

Un plan de negocio debe servir, por lo menos, para:

- Establecer metas y objetivos

- Proporcionar una base para controlar el desempeño de la empresa

- Comunicar el mensaje de la empresa a los interesados ("stakeholders") en la misma

Un plan de negocio no convertirá automáticamente en un éxito a cualquier iniciativa empresarial, pero le ayudará a evitar algunas causas comunes de fracaso, como la descapitalización o la falta de un mercado adecuado.

ELABORACION DE UN PLAN DE NEGOCIO

A pesar de la importancia crítica de un plan de negocio, a muchos empresarios se les hace pesado preparar un documento escrito. Ellos argumentan que el mercado cambia tan rápidamente que un plan de negocio no les resulta útil, o que no tienen tiempo suficiente para prepararlo. Pero, de la misma forma que un constructor no comienza a construir sin un plano, los empresarios no deberían apresurarse a comenzar un negocio sin un plan de negocio. Una gran oportunidad podría derivar en fracaso sin un plan de negocio.

Antes de empezar a redactar su plan de negocio, se deben considerar las siguientes preguntas importantes:

- ¿Qué producto o servicio proporciona su negocio y qué necesidades satisface?

- ¿Quiénes son los clientes potenciales para su producto o servicio y por qué se lo comprarían a Ud.?

- ¿Cómo llegaría a sus clientes potenciales?

- ¿Dónde obtendrá los recursos financieros para comenzar su negocio?

Seguir estos pasos puede ayudar en la confección de un plan de negocio útil:

- Escribir el concepto básico del negocio

- Reunir todos los datos que se pueda sobre la factibilidad y los puntos específicos del concepto del negocio

- Focalizar y afinar el concepto con base en los datos que se han recopilado

- Destacar las materias específicas del negocio. El uso de un enfoque "qué, dónde, por qué, cómo" puede ser de utilidad

- Dar al plan una forma convincente para que no sólo le dé perspectivas y dirección al negocio, sino que al mismo tiempo se convierta en una valiosa herramienta para manejar las relaciones comerciales que serán muy importantes para la dirección de la empresa

- Revisar los planes modelo disponibles para utilizarlos como guías

Lamentablemente, muchos planes de negocio no son bien elaborados y, por lo tanto, no cumplen su cometido de facilitar el éxito de una iniciativa empresarial. La mayoría de estos planes presentan demasiados números que no son relevantes para la toma de decisiones inteligentes y, además, son demasiado optimistas. Un plan de negocio no puede ser una predicción cuidadosamente elaborada del futuro sino una descripción de los eventos que pueden ocurrir y un mapa para el cambio.

Entre las principales recomendaciones para elaborar un plan de negocio, se suele advertir a los emprendedores que deben:

- Establecer objetivos a corto plazo en lugar de largo plazo (más de un año) y modificar el plan a medida que avanza su negocio. A menudo la planificación a largo plazo se torna insignificante debido a la realidad del negocio, que puede ser diferente a su concepto inicial.

- Evitar el optimismo. Para ello, se debe ser extremadamente conservador al predecir los requisitos de capital, plazos, ventas y utilidades. Pocos planes de negocios anticipan correctamente cuánto dinero y tiempo se requerirá.

- Determinar cuáles serán sus estrategias en caso de adversidades comerciales.

- Utilizar un lenguaje simple al explicar los problemas. Elaborar el plan de modo que sea fácil de leer y comprender

- No depender completamente de la exclusividad de su negocio ni de un invento patentado. El éxito toca a quienes comienzan un negocio con un gran sentido económico y no necesariamente con grandes inventos

ANALISIS DEL MERCADO

El análisis del mercado tiene por objeto describir la industria o mercado en el que se desea operar. Se recomienda que este análisis incluya los siguientes elementos:

- Descripción y perspectivas de la industria o sector
- Información sobre el mercado meta (características distintivas del mercado meta; tamaño del mercado meta primario; expectativas de participación de mercado)
- Precios y objetivos de margen bruto
- Análisis competitivo
- Restricciones regulatorias

Comentemos a continuación cada uno de esos elementos.

A. Descripción y perspectivas de la industria o sector

La descripción de la industria o sector en el que se desea operar debe incluir, entre otros aspectos, lo siguiente:

- Tamaño actual
- Tasa de crecimiento
- Estado del ciclo de vida
- Tasa de crecimiento esperada
- Principales grupos de consumidores

B. Información sobre el mercado meta

El mercado meta es el conjunto de posibles compradores o clientes, que tienen necesidades o características comunes, a los cuales la compañía pretende servir.

El mercado meta debe definirse restringiéndolo a un tamaño manejable. No se debe cometer el error de tratar de ser atractivo para muchos mercados. La globalización de los mercados y de las empresas y la creciente importancia de los mercados electrónicos, implica que casi cualquier empresa puede estar compitiendo con cualquier otra en cualquier país, por lo que todo esfuerzo de mercadeo debe analizarse dentro del contexto global. A medida que los negocios se hacen globales, es necesario reducir el foco del mercadeo a un segmento específico del mercado global. La evolución del paradigma de la globalización está forzando a una mayor especialización, haciendo cosas específicas en lugares específicos – cosas que se pueden hacer mejor allí- en vez de hacer de todo en un solo lugar.

La información sobre el mercado meta debe incluir:

- Características distintivas: ¿Cuáles son las necesidades críticas de sus clientes potenciales? ¿Están satisfechas esas necesidades? ¿Cuáles son las características demográficas del grupo y donde están localizados? ¿Existen tendencias de compra estacional o cíclica que puedan tener impacto sobre su negocio?

- Tamaño del mercado meta primario: ¿Cuántos compradores hay?, ¿Cuánto compran cada año?, ¿Cuál es el crecimiento esperado del mercado para este grupo?

- Expectativas de participación del mercado: ¿Cuál es el porcentaje de participación de mercado y número de clientes que usted esperar lograr en un área geográfica determinada?

C. Precios y objetivos de margen bruto

El precio está muy relacionado con los objetivos de margen bruto, ya que el margen bruto es la diferencia entre los ingresos y los costos de operación y los ingresos dependen del número de productos o servicios que se puedan vender a un precio determinado y los costos de operación dependen de los recursos necesarios para fabricar y vender esos productos o prestar esos servicios.

El precio es el valor monetario que tiene un producto o servicio. Al establecer un precio debe considerarse no sólo su costo y utilidad, sino también todos los beneficios derivados y/o incluidos en él. El valor del producto o servicio no viene del esfuerzo que la empresa pone en su elaboración sino de los beneficios que el cliente piensa que va a obtener de él.

El precio depende principalmente de las características de la demanda, de la oferta o competencia y de los costos de producción del producto o servicio. Si hay muy poca competencia, el vendedor puede fijar el precio del producto o servicio con cierta libertad, pero la cantidad demandada de un producto o servicio generalmente disminuirá al aumentar el precio y, por otra parte, si el precio del producto o servicio es relativamente alto estimulará a otras empresas a incursionar en ese mercado. Al aumentar la competencia, es decir la oferta del producto en el mercado, el precio debe disminuir hasta un cierto límite, generalmente dado por el costo de producción del fabricante o proveedor más eficiente. Por lo tanto, el fabricante o proveedor que desee permanecer en su negocio, debe ser lo más eficiente posible en sus costos y fijar un precio tal a sus productos o servicios que por lo menos cubra los costos totales incurridos para satisfacer una determinada demanda. Mientras mayor sea la cantidad producida del producto o servicio, es decir mientras mayor sea la participación de mercado del producto o servicio, mayores serán las posibilidades de obtener ganancias.

La relación entre los costos, la demanda y la competencia y las constantes fluctuaciones de esos factores conducen a una variación continua de las políticas de precios de las empresas. El precio es el elemento más dinámico de la mezcla de mercadeo, ya que es el que se puede variar con mayor rapidez. Por ello, la fijación de precios es la herramienta más usual en la estrategia de mercadeo.

En general, para ganar es necesario ofrecer alta calidad por un precio más bajo que los competidores. Sin embargo, las empresas disponen de varias estrategias posibles para la fijación de precios de sus productos:

- Precio de penetración

- Precio de percepción

- Precio selectivo

- Precio de retorno de la inversión

Las empresas pueden optar por un precio de penetración, tan bajo como sea posible, para lograr introducir un producto en un mercado muy competido y donde el precio sea un factor importante en la decisión de compra del consumidor, como ocurre generalmente con los productos de consumo masivo.

También se puede fijar un precio acorde con el valor percibido o precio que está dispuesto a pagar el consumidor. Esta opción generalmente es posible sólo en productos o servicios de consumo especial o selectivo.

Otra estrategia de precios posible, llamada estrategia de precio selectivo, consiste en fijar inicialmente el precio más alto que permita el mercado y luego manipular el precio para atraer otros segmentos sensibles al precio. Ésta es una estrategia usual en nuevos mercados, en los cuales no existen referencias de precios, o en mercados competidos en los cuales se desea diferenciar el producto o servicio por el precio, en este caso por encima de los precios de los productos competidores.

Por otra parte, se puede fijar un precio de retorno de la inversión o precio fijado de acuerdo con valores predeterminados de ingresos y retorno sobre la inversión Esta estrategia puede ser empleada en nuevos mercados o en mercados poco sensibles al precio, pero generalmente no puede sostenerse por mucho tiempo.

El dumping se refiere a una situación en la cual una compañía cobra por un producto o servicio un precio inferior a su costo o inferior al precio que la compañía cobra por el mismo producto o servicio en el mercado doméstico. Esta técnica es utilizada para deshacerse de un excedente o para ganar rápidamente participación de mercado en un nuevo país o mercado y usualmente es considerada injusta con relación a la competencia.

Las políticas de precios son aquellas decisiones que relacionan las decisiones de precios con los objetivos de la empresa. Además de escoger una determinada estrategia para la fijación de precios, las empresas pueden decidir otorgar descuentos por volumen que reflejan los ahorros de costos al vender al por mayor, otorgar descuentos comerciales a mayoristas o detallistas u otorgar descuentos especiales a los consumidores para promocionar un nuevo producto, estimular la venta de un producto existente o desplazar a la competencia. Al fijar un sistema de descuentos, la empresa debe determinar si son adecuados para asegurar la cooperación necesaria de los intermediarios y si no son discriminatorios desde el punto de vista de las leyes.

D. Análisis competitivo

El análisis competitivo tiene por objeto identificar los competidores por línea de producto o servicio y segmento de mercado. Este análisis debe incluir consideraciones sobre:

- Participación de mercado

- Fortalezas y debilidades:

- Importancia de su mercado meta para sus competidores

- Barreras de entrada al mercado (regulaciones, tecnología cambiante, altos costos de inversión, ausencia de personal calificado, etc.)

- Ventana de oportunidad para su entrada al mercado

- Competidores indirectos o secundarios que pueden afectar su éxito

Un método bastante utilizado para el análisis competitivo es el método de aanálisis de fuerzas en la industria o sector, propuesto por Michael Porter.

E. Restricciones regulatorias

El análisis de mercado debe incluir cualquier requerimiento regulatorio de los consumidores o del gobierno que pueda afectar su negocio y que usted deba cumplir. También debe incluir el impacto del proceso de cumplimiento sobre las operaciones o los costos de su negocio.

INVESTIGACION DE MERCADO

La investigación de mercado es la base del análisis del mercado y consiste en la recolección sistemática, registro y análisis de datos respecto a los problemas de mercadeo.

La investigación de mercado supone un análisis de los consumidores, los distribuidores, los suplidores, la competencia y la propia empresa, buscando oportunidades de negocio en un mercado determinado. La calidad y profundidad de los estudios de mercado definirá la posibilidad de éxito de la estrategia diseñada.

La investigación de mercado debe dar respuesta a estas cinco preguntas de una empresa: ¿Quiénes son mis clientes? ¿Qué desean los clientes? ¿Qué les ofrece la competencia? ¿Qué puedo ofrecerles yo? ¿Qué creen ellos que les estoy ofreciendo?

La investigación de mercado se basa en una serie de técnicas que incluyen encuestas, estudios, pruebas, mediciones, discusión en grupos de consumidores (focus groups), análisis estadísticos, proyecciones, etc. En general, para ser efectivas, las investigaciones de mercado requieren de la aplicación periódica o sostenida en el tiempo de un conjunto de las técnicas disponibles. Esa experiencia les permitirá a los investigadores mejorar su conocimiento del mercado y sus habilidades de interpretación y pronóstico.

La investigación de mercado permite la segmentación o división del mercado en grupos de consumidores que tienen necesidades y gustos similares, con el objetivo de escoger el segmento de mayor valor y más adecuado para competir. La subdivisión del mercado en segmentos requiere de la consideración de varios elementos diferenciadores: localización; edad; ingresos; clase social; hábitos de compra; etc.

Después de establecer los segmentos en los que se divide el mercado, la investigación de mercado debe tratar de averiguar qué quieren y esperan los clientes de cada segmento o por lo menos de los segmentos de interés para la empresa. El entendimiento de los clientes con valores similares es esencial para diseñar un grupo de acciones (estrategia) que permita asegurar una ventaja competitiva sostenible en el tiempo. Para tener éxito en un mercado es generalmente preferible encontrar o crear un segmento o nicho, usualmente pequeño y especializado, que tratar de penetrar todo el mercado.

Además de establecer la segmentación del mercado y averiguar el comportamiento de los clientes pertenecientes a un segmento, la investigación de mercado puede tener objetivos específicos relacionados con la aceptación de un producto determinado, la efectividad de las campañas publicitarias y promocionales, la efectividad de la fuerza de ventas, las tendencias en el comportamiento del consumidor y la eficiencia de la distribución, entre otros.

ESTRATEGIAS LEGALES

Al crear un negocio, es necesario escoger la forma de propiedad o estructura legal más conveniente para ese negocio. Se distinguen, en general, las siguientes formas de propiedad o estructuras legales de las empresas:

- *Empresa individual*. Esta es la estructura legal más simple y común escogida para comenzar un negocio. Existe un único propietario y beneficiario de todas las ganancias, pero también es el único responsable por las deudas, pérdidas y obligaciones de su negocio. Las principales ventajas de esta forma de propiedad son: es más fácil y barato crear la empresa; todas las utilidades son para el dueño; el dueño ejerce completo control sobre la misma; es más fácil preparar la declaración de impuestos y no pagan impuestos especiales; y es fácil disolverlas. Las principales desventajas son: el propietario tiene una responsabilidad ilimitada; es difícil reunir capital y encontrar empleados calificados; y el dueño absorbe todas las pérdidas.

- *Sociedad civil*. Una sociedad civil es una empresa en la cual dos o más personas, denominados socios, comparten la propiedad. Cada socio contribuye en todos los aspectos del negocio, incluyendo dinero, propiedad, trabajo y habilidades. Hay tres tipos generales de sociedades: sociedades generales (todas las ganancias, obligaciones y funciones administrativas son divididas por igual entre los socios); sociedades limitadas (permiten que los socios tengan responsabilidad limitada y también participación limitada en las decisiones administrativas); y sociedades temporales (actúan como sociedades generales, pero sólo por un periodo determinado o para un proyecto determinado). Las principales ventajas de una sociedad son: fáciles de constituir; disponibilidad de capital; compromiso financiero compartido; habilidades complementarias; no hay impuestos especiales y están relativamente exentas de controles gubernamentales; e incentivos de sociedad para los empleados. Las principales desventajas son: responsabilidad conjunta e individual de los socios; posibles conflictos o desacuerdos entre los socios; y ganancias compartidas.

- *Sociedad anónima o corporación (corporación C)*. Una sociedad anónima o corporación es una entidad legal independiente cuya propiedad está dividida entre los accionistas. Esto implica que la corporación misma, y no sus accionistas, es la responsable legal por las acciones y deudas en las que incurra la empresa. Las principales ventajas de una corporación son: responsabilidad limitada; capacidad para atraer financiamiento; tratamiento corporativo (y no individual) de los impuestos; y mayor atractivo para los empleados potenciales. Las principales desventajas son: requieren más dinero y tiempo para operar; en muchos casos las corporaciones deben pagar impuestos dos veces (cuando declaran ganancias y cuando distribuyen dividendos a sus accionistas); y requieren mucho más papeleo, debido a las mayores regulaciones que existen para ellas.

- *Compañía de responsabilidad limitada (limited liability company)*. La sociedad o compañía de responsabilidad limitada (LLC, por sus siglas en inglés) es una forma híbrida de estructura legal, que combina las características de responsabilidad limitada de una corporación y la flexibilidad operacional de una sociedad. Los dueños de una LLC se denominan usualmente "miembros" y reportan ganancias y pérdidas en sus declaraciones federales personales de impuestos de la misma manera que lo hacen los socios en una sociedad. Las principales ventajas de una compañía de responsabilidad limitada son: responsabilidad limitada; menores gastos de mantenimiento de libros de contabilidad; y ganancias compartidas. Las principales desventajas son: vida limitada (en muchos estados, cuando un miembro se retira se disuelve la compañía); e impuestos de auto empleo (los miembros son considerados auto empleados y deben pagar impuestos como tales).

- *Cooperativa.* Una cooperativa es un negocio u organización poseído y operado para el beneficio de aquellos que utilizan sus servicios. Las ganancias e ingresos generados por la cooperativa se distribuyen entre los miembros, también conocidos como usuarios- dueños. Las principales ventajas de una cooperativa son: menos impuestos; oportunidades de financiamiento; posibilidad de reducir costos y mejorar productos y servicios; existencia perpetua; y organización democrática. Las principales desventajas son: dificultad para captar grandes inversionistas; y riesgo de falta de participación y pérdida de los miembros.

- *Corporación especial (corporación S).* Una corporación especial o S es una corporación que recibe un trato especial de impuestos federales: el negocio no paga impuestos sino que lo hacen de manera individual sus accionistas. Las principales ventajas de una corporación especial son: ahorro de impuestos; deducción de impuestos por algunos gastos de la empresa; y vida independiente, separada de sus accionistas. Las principales desventajas son: procesos operacionales más estrictos; y requerimientos de compensación de los accionistas.

Existen otras formas de propiedad o estructura legal, como la *franquicia*. La franquicia es una forma de organización mercantil basada en un arreglo comercial entre un franquiciante, que aporta el concepto de un producto, y el franquiciatario, que vende los bienes o servicios del franquiciante en una zona geográfica determinada. Las principales ventajas de las franquicias son: mayor capacidad para que el franquiciante se expanda; nombre, producto y concepto de operaciones conocidos; capacitación y ayuda administrativas; y ayuda financiera. Las principales desventajas son: pérdida de control del franquiciante; costos altos para los franquiciados; y libertad restringida de operaciones para los franquiciados.

Aparte de las leyes que regulan el tipo de estructura legal que se haya adoptado (registros, controles, impuestos, etc.), al crear un negocio es necesario identificar distintas normas legales que pueden tener impacto sobre el negocio, tales como:

- Leyes propias de la industria o sector en el que se desea operar (licencias, permisos, etc.)

- Leyes sobre administración de los recursos humanos (reglamentaciones laborales, contratación colectiva, sindicatos, contratación del personal, salud y seguridad ocupacional)

- Leyes sobre propiedad industrial (registro de marca, patentes)

- Leyes sobre comercio internacional (en el caso de una empresa que incluya en sus actividades la exportación o importación de bienes y servicios)

- Leyes de publicidad y mercadeo

- Regulaciones ambientales

ANALISIS FINANCIERO Y DE CONTABILIDAD

Los planes de negocio deben incluir información financiera de la empresa. Las instituciones financieras requieren que se presente una solicitud de fondos e información financiera histórica y prospectiva que soporte esa solicitud.

A. Fuentes de recursos

Las empresas captan los recursos requeridos para su constitución y sus operaciones de varias formas diferentes, dependiendo de su estructura legal. Pueden recurrir a financiamientos externos para obtener préstamos o créditos, descontar letras de cambio u otros documentos que obran en su poder con motivo de sus operaciones y pueden también emitir acciones y obligaciones.

Una acción es cada una de las partes en que se considera dividido el capital o patrimonio de una empresa. Es un título de renta variable, ya que su titular participa de los beneficios o pérdidas de la empresa. Cuando se producen beneficios, las utilidades a repartir entre los accionistas reciben el nombre de dividendos. Si ocurren pérdidas, el valor de cada acción experimenta una erosión proporcional.

Las empresas pueden emitir acciones de diferentes tipos:

- Acciones preferentes

- Acciones comunes

Las acciones preferentes se caracterizan por percibir un dividendo fijo, cobrado por sus tenedores, con preferencia al que perciben otros accionistas, siempre y cuando dichos dividendos hayan sido decretados. Las acciones comunes se caracterizan porque sus dividendos no son fijos, sino que dependen de las utilidades a repartir que hayan sido decretadas y sólo se cancelan después de haber cubierto los que puedan corresponder a las acciones preferentes.

Normalmente existen diversas formas de referirse al valor de una acción:

- Valor par (corresponde al valor nominal de una acción en el momento que ésta se emite)

- Valor según libros (va variando de acuerdo con las operaciones de la empresa y es el producto de dividir el patrimonio neto de la empresa entre el número de acciones de la misma)

- Valor de mercado (precio al cual se compran y se venden las acciones en el mercado de valores)

Además de emitir acciones, las empresas pueden recurrir -en sus esfuerzos por captar fondos- a la venta de bonos u obligaciones, que si bien no incrementan el número de accionistas de la compañía, representan un pasivo para la sociedad. Por lo general se les conoce como títulos de renta fija, a que generan un interés periódico fijo para sus poseedores, recibiendo éstos el valor de la emisión principal al vencimiento de la obligación.

La oferta pública de acciones y otros títulos de valores está regida por las leyes de mercado de capitales de cada país. Se considera oferta pública la que se haga al público o a sectores o grupos determinados recurriendo para ello a cualquier medio de publicidad o difusión. Por lo general, las leyes asignan a un organismo especial la función de regular, vigilar y fiscalizar el mercado de capitales.

La adquisición de fondos incluye una consideración de los fondos necesarios y el período para el cual se necesitan. Generalmente hablando hay dos tipos básicos de fondos:

- El pasivo (derechos fijos de terceros)

- El capital (aporte de los propietarios)

La adquisición de nuevos recursos afectará, desde luego, la estructura de capital. Usar capital prestado además del propio puede ser deseable si la posibilidad de ganancias de la compañía es estable. Sin embargo, el financiamiento externo implica riesgos mayores y debe ser empleado con cuidado.

La decisión sobre el tipo de fondos a usar requiere de la consideración de varios factores, siendo los más importantes de ellos:

Las condiciones para la adquisición de los fondos

- La situación financiera de la empresa

- El plazo en el que se prevé la utilización de los fondos

- El deseo de los propietarios de mantener el control de la empresa

- La flexibilidad o habilidad de ajustar el origen y la naturaleza de los fondos en respuesta al cambio en las necesidades de fondos.

Para decidir la estructura de capital adecuada, la empresa debe considerar diversos factores:

- Análisis de la capacidad del flujo de efectivo para satisfacer las obligaciones fijas derivadas de los valores emitidos y los préstamos contraídos

- Análisis de la relación de ganancias antes de intereses y de la relación entre impuestos y ganancias por acción

- Comparación con índices de estructura de capital de empresas similares

- Discusión con analistas de inversión, banqueros de inversión y prestamistas

Las fuentes de recursos para financiar las operaciones de una empresa se suelen escoger de acuerdo con las previsiones de empleo de esos recursos. En general, el capital de trabajo regular debe provenir de fuentes a largo plazo (acciones y/o pasivos de largo plazo), mientras que las necesidades fluctuantes de capital de trabajo requieren, normalmente, financiamiento a corto plazo. En el caso de adquirir obligaciones, se recomienda hacer coincidir el vencimiento de la obligación con el período en que produce ingresos el activo que se financió.

B. Manejo de la deuda

El manejo de la deuda de una empresa puede incluir la sustitución de deuda a corto plazo por deuda a largo plazo o viceversa, el refinanciamiento (solicitar préstamo a una institución o prestamista A para pagar la deuda previamente contraída con una institución o prestamista B) y la reestructuración (cambio de los términos y condiciones de una operación financiera). Las decisiones al respecto dependerán de la existencia de esas opciones y del análisis de consideraciones similares a las discutidas para la adquisición de fondos.

C. Contabilidad

Para poder tomar las decisiones necesarias en el manejo del dinero de cualquier tipo de empresa, se debe disponer de información contable. La contabilidad es el orden adoptado para llevar las cuentas de la empresa.

El fin de la contabilidad es presentar la condición financiera de una empresa para que las partes interesadas puedan hacer sus evaluaciones. Esta condición financiera se expresa generalmente en los estados financieros:

- El balance general
- El estado de resultados
- El estado de flujo del efectivo

El *balance general* muestra la posición financiera de una empresa mercantil con respecto a los valores de los activos (recursos económicos), los pasivos (derechos correspondientes de los acreedores) y el capital (derechos correspondientes de los propietarios) a una fecha determinada. Ejemplos de activos son: efectivo en caja o bancos, cuentas por cobrar, inventarios, inversiones, terreno, edificios y equipo. Ejemplos de los pasivos son: cuentas por pagar, hipotecas y bonos pendientes de pago. Ejemplos de las cuentas de capital son: acciones preferentes, acciones comunes, ingreso retenido o utilidad acumulada y pagos en exceso. La ley fundamental o ecuación de balance en la que se basa el balance general es:

Activos = Pasivos + Capital.

El *estado de resultados*, estado de ingresos o estado de ganancias y pérdidas revela los cambios en los activos, pasivos y capital de las operaciones de la empresa en un período determinado, generalmente un año. El estado de resultados muestra los ingresos y los gastos de la empresa y su diferencia, la utilidad o el ingreso neto, en el período determinado.

El *estado de flujo del efectivo o estado de flujo de caja* es quizás el elemento más importante de los estados financieros de una empresa. El estado de flujo del efectivo explica el cambio en la contabilidad del efectivo y sus equivalentes. El valor de un negocio depende de su flujo de efectivo; es decir, el valor de un activo (o de toda la empresa) se determina por el flujo de efectivo que genera.

D. Impuestos

El régimen tributario tiene una profunda influencia en la contabilidad y en las decisiones de la empresa. Aspectos contables como el valor de los activos, la depreciación, el pago de intereses, los ingresos por dividendos de acciones en otras empresas, las pérdidas operacionales, las pérdidas de capital, las cuentas por cobrar y otros, deben ser analizados con relación a su impacto sobre la cantidad de impuestos a pagar, dependiendo de las regulaciones locales. Algunos gastos pueden ser diferidos en un determinado período o ejercicio fiscal para ajustar el ingreso neto sujeto a impuesto durante ese período.

E. Análisis financiero

La información contable permite el análisis financiero de la empresa. El análisis financiero incluye el análisis de las necesidades de fondos de la empresa, su desempeño y condición financiera y su riesgo de negocios. Mediante el análisis de esos factores, la empresa puede determinar sus necesidades financieras y negociar con los proveedores externos de capital.

El análisis de estados financieros consiste en la evaluación del estado actual de una empresa mediante el cálculo de ratios (relaciones entre dos cantidades) en cinco áreas del desempeño financiero, comparándolos luego con los ratios de otras empresas similares:

- Liquidez (capacidad de la empresa para cumplir con sus obligaciones de corto plazo)

- Actividad (efectividad del empleo de los recursos)

- Estructura o apalancamiento financiero (proporción de financiamiento proporcionado por los acreedores)

- Rentabilidad (grado de éxito al alcanzarlos niveles deseados de utilidad)

- Valor de la empresa

Aunque el análisis de los estados financieros puede proporcionar información útil sobre las operaciones y la condición financiera de una empresa, los ratios tienen sus limitaciones, por lo que deben ser analizados con precaución y buen juicio. Las comparaciones con el valor de los ratios de otras empresas pueden estar afectadas por las diferencias en tamaño y diversidad de negocios y por el uso de distintas prácticas y técnicas contables. Por otra parte, la inflación y los efectos estacionales, entre otros factores, pueden distorsionar el análisis. Por último, es difícil generalizar sobre cuando un valor determinado de un ratio es bueno o malo.

PLANIFICACION DE PRODUCTOS Y SERVICIOS

Los planes de negocio deben incluir una descripción de los productos o servicios que ofrecerá la empresa y de los detalles concernientes a su fabricación, distribución y comercialización.

A. Concepto de producto

Aunque se suele diferenciar entre productos (bienes) y servicios, realmente producto es un concepto amplio que incluye los servicios que puede ofrecer una empresa.

El producto es el elemento a través del cual se satisface una necesidad. Productos son todos aquellos bienes o servicios que tienen la capacidad de satisfacer las necesidades y deseos de los consumidores. Mientras mayor sea el nivel de satisfacción que genera el producto, mayor será el éxito del mismo. Un mismo producto puede suplir varias necesidades o viceversa. La correcta definición de la necesidad a ser satisfecha permitirá un mejor enfoque del mercadeo del producto.

B. Clasificación de los productos

Los productos se pueden clasificar en distintos tipos, los cuales deben tenerse en cuenta al diseñar una estrategia de mercadeo. Una de las clasificaciones más usuales distingue entre:

- Productos genéricos

- Productos de marca

En los productos genéricos no se distingue su origen, se venden por precio y la calidad la establecen las especificaciones. En los productos de marca se distingue su origen y la calidad está representada por el producto mismo.

En general, si una empresa sólo elabora o comercializa productos genéricos, sin generar una marca que logre asociar a la empresa con calidad en la mente del consumidor, se le hará más difícil retener a sus clientes. La marca promete consistencia de calidad y un beneficio claramente superior, lo que hace que el consumidor esté usualmente preparado para sentir cierta lealtad y esté dispuesto a pagar un precio más alto que el de un producto genérico. La fortaleza de una marca depende, entonces, de una fuerte diferenciación y de una profunda relevancia para el usuario.

También se pueden clasificar los productos, de acuerdo con sus características, en:

- Bienes durables

- Bienes perecederos

- Servicios

Otra clasificación importante divide los productos en:

- Productos de consumo industrial

- Productos de consumo individual

Un producto de consumo industrial se emplea para fabricar otros bienes o servicios, facilitar las operaciones de una compañía o para la reventa a otros clientes. Un producto de consumo individual se compra para satisfacer las necesidades personales de un individuo. En ocasiones, el mismo artículo se clasifica como producto de consumo industrial o de consumo individual, de acuerdo con el uso que se le pretende dar.

Los productos de consumo industrial se pueden subdividir en materiales y partes, equipos o bienes de capital y servicios industriales. A su vez, los productos de consumo individual se pueden subdividir en productos de consumo masivo, productos especiales o de consumo selectivo y servicios individuales.

Estas distinciones entre los productos tienen una gran importancia práctica para el mercadeo, pues el comportamiento del consumidor y, por consiguiente, las actividades de publicidad y promoción y la gestión de ventas difieren notablemente según el tipo de producto que se trate. El consumo masivo se caracteriza por su dispersión, dificultad para detectar patrones de consumo, la compra por imagen (sin una conexión precio-beneficio de manera objetiva) y la venta a través de distribuidores. El consumo industrial y el consumo individual selectivo se caracterizan por la existencia de compradores profesionales, la concentración del consumo en pocos clientes, una mayor facilidad para detectar patrones de consumo, la compra según especificaciones, una alta valoración de la relación precio- beneficio y la venta directa.

C. Descripción de los productos o servicios

La descripción de los productos o servicios en el plan de negocio debe incluir:

- Diseño del producto o servicio (características; condiciones de servicio; garantía)

- Proceso de producción (¿Qué va a producir la empresa y qué va a subcontratar?; localización y características de la planta en la que se fabricará el producto o del lugar en el que se prestará el servicio; tecnología)

- Planificación y control de las operaciones (estimación o pronóstico de la demanda futura del producto o el servicio; plan de producción; control de inventarios)

- Calidad (métodos que se utilizarán para asegurar y controlar la calidad del producto o servicio

D. Ciclo de vida de los productos

Todo producto tiene un ciclo de vida que debe evaluarse en todo momento, ya que según la fase en que esté requerirá de una estrategia distinta. Las fases del ciclo de vida son las siguientes: introducción, crecimiento, madurez y declinación.

- *Introducción*. En la fase de introducción del producto, se requiere de promoción para iniciar la aceptación del producto, aunque muy probablemente habrá pérdidas, debido a las altas inversiones iniciales necesarias. Para que un producto sea aceptado, éste le debe ofrecer al consumidor una ventaja sobre las otras opciones que existen en el mercado.

- *Crecimiento*. Si el producto es aceptado en el mercado, viene luego una fase de crecimiento, en la cual usualmente se produce un rápido crecimiento en las ventas y se empiezan a hacer sustanciales ganancias, aunque se intensifica la competencia, obligando a incurrir en costos adicionales de publicidad, distribución y rebaja de precios, para hacerle frente a esa situación.

- *Madurez*. En la etapa de madurez, el índice de crecimiento de las ventas llega al máximo, pero también se presenta una disminución de las ganancias, la competencia se vuelve más agresiva y los precios suelen bajar para atraer más clientes.

- *Declinación*. Por último, viene la declinación o etapa final del producto, caracterizada por la caída permanente en ventas, en la cual la empresa puede optar por descontinuar gradualmente el producto, modificarlo o eliminarlo y remplazarlo por un nuevo producto.

Algunas empresas intentan reducir sus ciclos de producto y acelerar su comercialización, introduciendo continuamente nuevos productos con cortos tiempos de desarrollo. La innovación ayuda al logro de los objetivos de la empresa, permite mayor libertad en la política de fijación de precios y mantiene siempre una línea de productos renovados; sin embargo, si todas las empresas hacen lo mismo el resultado puede ser poco eficiente desde el punto de vista económico, al no permitir que se produzcan las ganancias que usualmente acompañan al crecimiento y la madurez de los productos.

Otras empresas tratan de convertir a su producto lo más pronto posible en un producto líder en ventas en el mercado seleccionado y sostenerlo en esa posición, porque muchos expertos en mercadeo coinciden en afirmar que si un producto o marca no es el número uno o el número dos, es posible que salga del mercado a menos que cuente con un nicho muy bien posicionado. Sin embargo, otros expertos opinan que no es necesario conseguir la participación más alta de mercado, citando los casos de muchas compañías con participaciones de mercado pequeñas que son más rentables.

E. Propiedad intelectual

Las empresas necesitan proteger sus productos frente a competidores que pretendan copiarlos, utilizar sus marcas o distribuirlos sin autorización. Los derechos de propiedad intelectual protegen los intereses de los creadores al ofrecerles prerrogativas en relación con sus creaciones.

La propiedad industrial, en particular, es el derecho exclusivo que otorga el Estado para usar o explotar en forma industrial y comercial las invenciones o innovaciones de aplicación industrial o indicaciones comerciales que realizan individuos o empresas para distinguir sus productos o servicios ante la clientela en el mercado. Esta incluye las invenciones, marcas, patentes, los esquemas de trazado de circuitos integrados, los nombres y designaciones comerciales, dibujos y modelos industriales, así como indicaciones geográficas de origen, a lo que viene a añadirse la protección contra la competencia desleal.

F. Investigación y desarrollo

La investigación y desarrollo, abreviada I + D, incluye tanto las actividades de ciencia básica como de desarrollo tecnológico que realizan las empresas para crear o mejorar sus productos.

Aunque empresas pequeñas pueden realizar actividades de investigación y desarrollo y en efecto muchas lo hacen, generalmente sólo las grandes empresas son capaces de mantener centros o unidades de investigación y desarrollo y realizar estas actividades en una escala importante. En todo caso, cada empresa debe analizar la necesidad de realizar actividades de este tipo, la forma de hacerlo (de manera independiente o en colaboración con otras empresas, universidades y centros de investigación) y los resultados que espera lograr.

La investigación y desarrollo puede considerarse como parte del esfuerzo de innovación de la empresa o el conjunto de los esfuerzos orientados al desarrollo de nuevos productos y servicios y al cambio en los procesos técnicos, administrativos y comerciales de la empresa con el objeto de generar un impacto positivo en el mercado. La innovación tiene efectos muy importantes sobre el desempeño de las empresas. Entre estos efectos se encuentran: la competitividad; el crecimiento y participación de mercado; el desempeño financiero; y la supervivencia.

PLANIFICACION DE PAGINA WEB

Internet es parte integral del nuevo modelo de empresa. Hoy día es casi indispensable que una empresa posea su propio sitio o página Web, que puede utilizar desde simplemente proporcionar información sobre sus productos o servicios hasta permitir operaciones de comercio electrónico, es decir vender sus productos y servicios vía Internet.

Existen en la actualidad muchas facilidades para la edición de sitios Web, por lo que resulta muy sencillo crearlos y colocarlos a dominio público. Generalmente se distinguen las siguientes etapas en la creación de un sitio Web:

- *Planificación*: conformar el equipo de diseño, reunir información, definir la misión y los objetivos del sitio, determinar la audiencia a la que se dirige, establecer un plan de trabajo

- *Concepción*: establecer criterios de calidad; determinar los contenidos; determinar la estructura de los contenidos; determinar el formato gráfico; crear documentos de trabajo interno

- *Construcción*: diseñar la página de acceso o principal; tomar decisiones de navegación; mantener una identidad visual corporativa

- *Promoción*: registro en buscadores y directorios; incorporar el sitio Web al mensaje corporativo; intercambiar anuncios gráficos conocidos como "banners"

- *Evaluación*

- *Puesta al día y evolución* (mantenimiento y desarrollo)

ANALISIS DE TECNOLOGIA

La tecnología es el conjunto de instrumentos y métodos técnicos que empleará la empresa para realizar sus operaciones. Los principales aspectos tecnológicos a resolver se relacionan con los sistemas y la tecnología de producción.

A. Sistemas

Los sistemas, en general, son el conjunto de actividades secuenciales y preestablecidas que ordenan procesos o funciones de una organización. En este sentido, se consideran los sistemas de planificación, presupuesto, reclutamiento, mantenimiento y toma de decisiones, entre muchos otros. Sin embargo, el término está también muy asociado a los sistemas de información, que en definitiva constituyen la base o el soporte para el funcionamiento de todos los demás sistemas.

Las empresas disponen de una serie de sistemas de información comerciales que pueden adquirir e instalar de forma aislada, para realizar o apoyar procesos específicos, o pueden aprovechar los recursos tecnológicos disponibles a través de sistemas integrados de información o sistemas de planificación de recursos de la empresa (ERP). Estos sistemas son un conjunto de módulos de programas de computación que permiten la automatización y el enlace de funciones de la organización tales como finanzas, compras, recursos humanos, producción y distribución, entre otras.

El éxito empresarial depende cada vez más de la capacidad de sus sistemas para captar, procesar y utilizar información tanto interna como externa. Las empresas están evolucionando de simples negocios a negocios electrónicos (*e-business*), caracterizados por la realización de todas sus operaciones a través de Internet, *intranets* o *extranets*, enlazando permanentemente a sus empleados, clientes y proveedores. El *e-business* promete incrementar significativamente la eficiencia de las empresas, mejorar sus comunicaciones, reducir sus costos y acercarlas a sus clientes.

A pesar de sus extraordinarias ventajas y hasta la necesidad de disponer de modernas tecnologías de información, la inversión necesaria en equipos y sistemas de computación es alta, así como el costo de las licencias de utilización del software y el costo del adiestramiento de los empleados para utilizar adecuadamente las nuevas tecnologías, planteando a los gerentes un reto importante a su habilidad para aprovechar eficientemente estos recursos.

B. Tecnología de producción

La tecnología suele jugar un rol muy importante en los procesos de producción. El diseño asistido por computadora (*computer-aided design,* CAD), la manufactura asistida por computadora (*computer-aided manufacturing,* CAM) y el protocolo de automatización de la manufactura (*manufacturing automation protocol,* MAP) constituyen algunos de los mayores avances que puede aprovechar la gerencia para disponer de procesos de producción modernos y eficientes. Sin embargo, si se trata de una empresa existente que desea mejorar sus procesos de trabajo, el uso de las nuevas tecnologías supone un conocimiento muy preciso de las necesidades, un cambio en las prácticas gerenciales y la adquisición de capacidades tecnológicas (conocimientos que sólo pueden ser acumulados y utilizados por los recursos humanos de la empresa) para lograr una máxima efectividad. En todo caso, para el desarrollo de las capacidades tecnológicas, la empresa debe extraer conocimiento del proveedor en el momento de la compra y extraer conocimiento de su sistema de producción al tiempo que lo opera.

ESTRATEGIA Y SU IMPLEMENTACION

En el capítulo 7 de este libro se trata de manera relativamente detallada lo relativo a la estrategia y su implementación, por lo que al elaborar un plan de negocio se recomienda consultar lo presentado en ese capítulo. Basta solamente, en este punto, recordar dos ideas fundamentales:

Al crear una empresa, y al dirigir cada día su actividad, lo más importante es saber qué es lo que se pretende alcanzar y cómo hacerlo. Es muy difícil, si no imposible, que una empresa tenga éxito si no define claramente sus objetivos y metas e identifica las estrategias y los recursos necesarios para alcanzarlos. Y es a los gerentes de la empresa, comenzando por el ejecutivo principal, a quienes les corresponde hacer esas definiciones.

La ejecución o implementación de la estrategia es la responsabilidad primaria de los líderes de una empresa. La diferencia entre los éxitos y los fracasos es usualmente la habilidad para ejecutar los planes. La habilidad de ejecución debe estar embebida en la cultura de la organización, en sus sistemas de compensación en sus normas de comportamiento. La ejecución sólo funciona como un esfuerzo colectivo, no en una base individual.

PLANIFICACION DE LOS RECURSOS HUMANOS

De manera similar a lo planteado en relación con la estrategia y su implementación, al elaborar un plan de negocio se recomienda consultar lo presentado en el capítulo 2 de este libro, en particular lo relacionado con la planificación de los recursos humanos, la selección de la gente y los aspectos legales de la administración de recursos humanos. Recordemos aquí algunas ideas relevantes:

- La planificación de los recursos humanos tiene por objeto garantizar que, en forma constante y adecuada, se cuente con el personal que se necesita

- Una empresa y su dinámica se definen en gran medida por las características de edad, sexo, nacionalidad, raza, religión, educación y clase social de su gente. La cultura, las habilidades organizacionales y el estilo gerencial, componentes clave de la organización, dependerán de las decisiones que se adopten para definir y escoger el personal requerido

- En cada país hay leyes laborales que regulan la administración de recursos humanos por parte de las empresas. En los Estados Unidos, por ejemplo, hay leyes y regulaciones de este tipo a nivel federal, estatal y local, entre las que destacan las siguientes leyes federales: leyes sobre la igualdad de oportunidades de empleo, que protegen contra la discriminación; leyes de acción afirmativa, que exigen esfuerzos para contratar y promover personas de grupos protegidos; ley contra el acoso sexual en el trabajo;

ley de relaciones laborales, que exige el reconocimiento de uniones o sindicatos; y ley de salud y seguridad ocupacional

DOCUMENTO FINAL DEL PLAN DE NEGOCIO

Aunque se han propuesto muchas guías o modelos para la estructuración de un plan de negocio, generalmente hay libertad para estructurarlo de la forma que se considere más conveniente.

Un posible modelo para estructurar un plan de negocio de una empresa que se va a iniciar, tratando de escoger y ordenar los principales elementos comunes presentados en varias guías o modelos propuestos, es el siguiente:

1. Resumen Ejecutivo

    a. El negocio (¿Qué se venderá y a quién?, ¿El negocio crecerá? ¿En qué medida?, ¿Cuál es su factibilidad económica?)

    b. La gente (los hombres o mujeres que emprenden el negocio y los que les proveen importantes recursos o servicios, tales como abogados, contadores o proveedores)

    c. El contexto (el ambiente regulatorio, las tasas de interés, las tendencias demográficas, la inflación, etc.; básicamente factores que inevitablemente cambian pero que no pueden ser controlados por el empresario)

    d. Las amenazas y las oportunidades (un análisis de todo lo que puede ir mal o bien y una discusión de cómo la empresa puede responder)

2. Descripción General de la Empresa

    a. Forma legal del negocio (tipo de empresa, objeto, datos del registro)

    b. Misión y visión de la empresa (¿Cuál es nuestro negocio?, ¿Qué queremos ser?)

    c. Estrategia empresarial (análisis del entorno; análisis de los recursos internos; objetivos estratégicos; metas estratégicas)

    d. Diseño organizacional (estructura organizativa)

    e. Perfil de los accionistas y del equipo directivo (competencias y experiencia de los dueños y de los principales directores o administradores de la empresa y de los que les proveen importantes recursos o servicios, tales como abogados, contadores o proveedores)

3. Mercadeo

    a. Mercado (¿Quiénes son nuestros clientes?, ¿Qué desean los clientes?, ¿Quiénes son nuestros competidores y que le ofrecen a los clientes?, ¿Qué podemos ofrecerles nosotros?)

    b. Estrategia de mercadeo (producto o servicio; precio; localización; promoción y publicidad)

    c. Gestión de ventas (pronóstico de ventas para el primer año; fuerza de ventas; canales de distribución)

    d. Relaciones con el consumidor (métodos que se utilizarán para conocer las necesidades del consumidor, comprender su proceso de decisión para comprar, garantizar su satisfacción y retenerlo como cliente)

4. Operaciones

    a. Diseño del producto o servicio (características; condiciones de servicio; garantía)

    b. Proceso de producción (¿Qué va a producir la empresa y qué va a subcontratar?; localización y características de la planta en la que se fabricará el producto o del lugar en el que se prestará el servicio; tecnología)

    c. Planificación y control de las operaciones (estimación o pronóstico de la demanda futura del producto o el servicio; plan de producción; control de inventarios)

    d. Calidad (métodos que se utilizarán para asegurar y controlar la calidad del producto o servicio)

    e. Gestión de recursos humanos (necesidades de recursos humanos; métodos que se utilizarán para reclutar, seleccionar, capacitar, desarrollar, evaluar el desempeño y planificar la carrera de los trabajadores de la empresa)

5. Finanzas

    a. Pronóstico de estados financieros durante el primer año de operaciones de la empresa (balance general; estado de resultados o de ganancias y pérdidas; flujo de caja o de efectivo; punto de equilibrio)

    b. Presupuesto (presupuesto de caja o de efectivo; presupuesto de capital o de inversiones)

    c. Adquisición de fondos (necesidades de fondos; fuentes de recursos)

    d. Administración financiera (uso de los fondos; pago de la deuda; política de dividendos; inversiones)

BIBLIOGRAFIA

En esta bibliografía no se intenta incluir todos los libros y artículos consultados para elaborar este libro, sino que se mencionan algunos libros de texto y otros libros publicados en idioma español, de fácil adquisición, que pueden ser de interés para el lector si desea profundizar en alguno de los temas tratados en esta obra.

1.   Comportamiento Organizacional

Collins, J. (2009): *Empresas que Sobresalen*, Grupo Editorial Norma

Daft, R. L. (2007): *Teoría y Diseño Organizacional*, Novena Edición, Cengage Learning Editores, S. A. de C. V.

Hellriegel, D. (2009): *Comportamiento Organizacional*, Cengage Learning Editores, S. A. de C. V.

Ivancevich, J. M., Konopaske, R. y Matteson, M. T. (2006): *Comportamiento Organizacional*, 7a Ed., McGraw-Hill Interamericana, México

Katzenbach, J. R. (2007): *El Trabajo en Equipo*, Granica Adelphi

Robbins, S. P. (2011): *Comportamiento Organizacional*, 10ª Edición,   Pearson Educación de México

2.   Administración de Recursos Humanos

Dolan, S. y Valle, R. (2007): *La Gestión de los Recursos Humanos*, 3ª Ed., McGraw Hill

Pfeffer, J. y Sutton, R. I. (2007): *El Fin de la Superstición en el Management*, Urano

3.   Cambio Organizacional

Cummings, T. G. y Worley, C. G. (2007): *Desarrollo Organizacional y Cambio*, 8ª. Edición, Thomson

Hamel, G. y Breen, B. (2008): *El Futuro de la Administración*, Grupo Editorial Norma

Kotter, J. P. (2007): *Al Frente del Cambio*, Urano

Kotter, J. P. y Rathberger, H. (2013): *Nuestro Iceberg se Derrite*, Ediciones Granica

4.   Desarrollo de Liderazgo

Bennis, W. y Nanus, B. (2008): *Lideres: Estrategias para un Liderazgo Eficaz*, Paidós Ibérica Ediciones, S. A.

Bolman, Lee Q. y Deal, Terrence E. (2013): *Liderazgo con Alma: Un Viaje Inolvidable del Espíritu*, Ediciones Granica

Daft, R. L. (2006): *La Experiencia del Liderazgo*, Tercera Edición, Cengage Learning Editores, S. A. de C. V.

Kouzes, J. M. y Posner, B. Z. (2007): *Las Cinco Prácticas de Liderazgo Ejemplar*, Pfeiffer

Lussier, R. N. y Achua, C. F. (2011): *Liderazgo: Teoría, Aplicación y Desarrollo de Habilidades*, Cuarta edición, Cengage Learning

5.   Comunicación Gerencial

American Psychological Association (2011): *Manual de Publicaciones*, 3ª Edición, American Psychological Association (APA)

Fonseca, S., Correa, A., Pineda, M. I. y Lemus, F. (2012): *Comunicación Oral y Escrita*, Pearson

Sánchez, O., Herrero, R. y Hortiguela, M. A. (2013): *Comunicación Oral y Escrita en la Empresa*, Paraninfo

6.   Gerencia de Proyectos

Gido, J. y Clemens, J. P. (2012): *Administración Exitosa de Proyectos*, 5ª Ed., Cengage Learning Editores, S. A. de C. V.

Project Management Institute (2009): *Guía de los Fundamentos para la Dirección de Proyectos*, 4ª Ed., Project Management Institute

7.   Planificación Estratégica e Implementación

Bossidy, L. y Charan, R. (2008): *El Arte de la Ejecución en los Negocios*, Punto de Lectura

David, F. R. (2011): *Conceptos de Administración Estratégica*, Primera Edición, Pearson

Montgomery, C. (2012): *El Estratega*, Aguilar

Porter, M. (2012): *Estrategia Competitiva*, Pirámide Ediciones

Wheelen, T. y Hunger, J. D. (2010): *Administración Estratégica y Política de Negocios*, 10ª Ed, Pearson Educación de México

8.   Elaboración de un Plan de Negocio

Balanko- Dickson, G. (2007): *Como Preparar un Plan de Negocios Exitoso*, McGraw- Hill Interamericana Editores S. A. de C. V.

Earth edition

www.EarthEdition.org